增釋玉函枕秘圖訣

金偉 增注

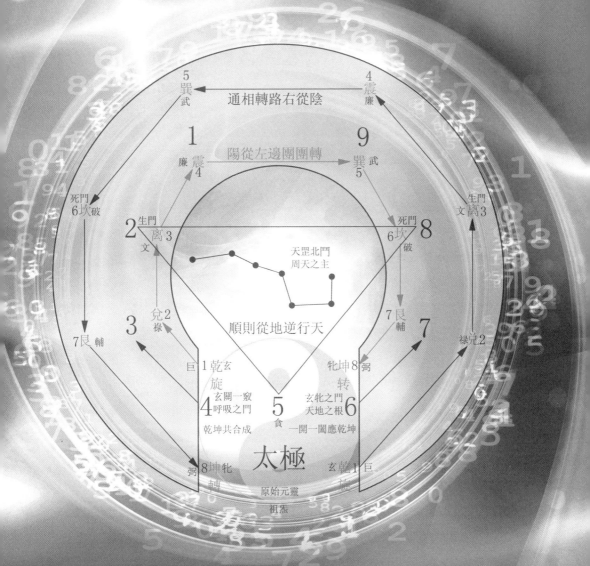

通相轉路右從陰

5 巽 武　　　　　　　　4 震 廉

1　　　　　　　　9

陽從左邊團團轉

廉震 4　　　　　　　　巽 5 武

死門 6 坎破　　　　　　　　生門 文離 3

生門 離 3 文　2　　　　　　　　8 死門 6 坎破

天罡北鬥
周天之主

7 艮 輔　　3　兌 2 祿　　　　　　7 艮 輔　7 禄兌 2

順則從地逆行天

巨 1 乾玄　　　　　　牝坤 8 弼
旋　　　　　　　轉

玄關一竅　　玄牝之門
4 呼吸之門　5 貪　天地之根 6

乾坤共合成　一開一闔應乾坤

太極

弼 8 坤牝　　　　　　玄乾 1 巨
轉　　　　　　旋

原始元靈

祖炁

編校者前言

　　玉函枕秘是許多風水學者夢寐以求的書，敝人有幸參與本書繁體版的出版，沾上金偉老師公開此書的光，略述幾語，說明此次出版的緣由。

一、本書原打字稿是簡體字，但為了保持古書原貌，我建議金老師出版繁體版，也希望藉由台灣出版社精美裝訂及印刷，讓本書更容易閱讀研究。部分圖中有少許簡體字，看慣繁體字的讀者會有一些不適，但重畫則會耗費一些時日，為了讓這書盡快到讀者手中，只要不影響閱讀理解的簡體字，我們就保留原狀，這點還請讀者見諒。

二、原書有相當多傳抄錯誤的地方，金老師花了很多時間訂正，希望這份努力能讓讀者少走彎路，節省時間。

三、金老師身為全球玄極門唯一傳人（玉函枕秘只是玄極門的一部分），對本書做了一些註解，很多都是第一次公開，讀者必定可從註解中獲益。也希望經由此書的公開，有更多讀者一起跟隨金老師來破譯全書。

四、玉函枕秘是敝人見過理論最完整的一部風水理氣書，我也期待讀者能從中建立一個理論框架，將風水學導入更高境界，不再是世人視為的封建迷信。

五、期盼眾多讀友能拒絕本書的盜印本，我們已盡全力讓這本很難取得的書以合理價格出售，也感謝您支持正版書籍，讓後續更多人公開更有價值的書籍。

六、敝人才疏學淺，書中必定很多錯誤，歡迎賢達高人寄郵件到 ericwon2000@gmail.com 加以指正。

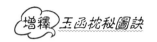

敬爲尊師金偉先生《增釋〈玉函枕秘圖訣〉》序

      在中國傳統文化裡有"四書五經"之說，這一說法已經成為傳統文化的代名詞。在風水文化裡也有著風水的"四書五經"之說，即《葬書》與楊公五經（實六經）。不學郭璞《葬書》，莫言風水，不懂楊公五經者，莫做風水，《青囊經》是黃石公道人所著，是風水中的憲法。楊公四經都是為了闡述《青囊經》並詳解其中實際操作方法的，所以統稱為楊公五經，因為五經是風水中的"民法典"。可歎的是，有的連讀都沒有讀過風水上的"四書五經"，更莫言懂這個字了。可惜的是，在風水界，不看《葬書》與五經者大有人在。那麼這些人中，十有八九就絕不是風水大師，即使讀了看了這六經者也不一定會成為風水大師，更況非讀者乎。因為只有，而且只有會不會懂不懂這六經是評判風水慣用者能否成為合格風水師的唯一原則，沒有之一。縱觀當今的風水界，五花八門，萬象紛呈，也更是亂象叢生。之所以會如此之亂，亂就亂在自我標榜大師之亂者，不懂風水界的"四書五經"就大言風水水準，自稱堪輿泰斗、風水第一、祖傳家傳、正宗楊公……真乃可悲催啊！如若不信，請讀者朋友捫心自問一下，你自己讀過嗎？又過讀過多少次？懂了多少？也許可能支離破碎的讀過一點，談不上全讀，更莫言常讀與讀懂了，這就是問題的關鍵所在。我們還可以這麼下結論，即使讀了若干也不可能全懂，因為你沒有懂的"金鑰匙"啊……那麼這把"金鑰匙"在哪裡呢？在回答問題之前，我們先將一捋五花八門的風水門派吧。

      八宅派、八卦派、大卦派、翻卦掌（河洛風水）派、金鎖玉關走馬陰陽派、三合派、三元派、乾坤國寶派、戊己都天派、大小玄空派、玄空六法派、玄命派、三局地理派、三六宮井字格派、替數陰陽派、些子派、天星派、地母派、還有六壬風水、奇門風水、命理風水及習風水者貫以自己姓氏的X氏風水、X門風水……真可謂門派眾多，在此不一一列舉。

從對風水文化的繁榮昌盛上講，百花齊放式的門派眾多本是好事。可縱觀豎看各家各門各派的立門開派之宣言，無不是自誇式唯我獨尊，這種自我標榜也無可厚非，畢竟體現出來的是文化自信。然而在自身標榜的同時，卻總是又貶低他門他派，甚至以攻擊性方式只論其短，不言其長，以至於風水上呈現出門門相惡派派相擊之亂象。為什麼有如此之怪像呢？而不是門門相合，派派相融的一家親的正向的局面呢？究其根本原因，還真是自身的缺陷與不足，甚至是較大的誤區與錯誤。就以上所列近三十種風水門派，皆是如此啊……全是因為自身不完美的缺陷與錯誤才讓他人究其短……莫小看風水上的誤與短，那可是導致被使用者整個家庭甚至家族上的成敗榮枯啊！先賢云："庸醫害人莫過於一人，庸師害人，傾覆全家"。所以風水絕不能有任何的1＋1不等於2的失誤。因此一些有良知的風水師學了這派學那派，總是想探究出沒有缺陷的風水術來服務於風水需求者。

尊師金偉先生就是這樣的究天人之際，志在完美風水的探索者。金先生三十多年來將上述所言的風水門派，從其學理上嚴謹探究其理，再到應用上一絲不苟地實施，並跋山涉水現場對眾多古今風水實例進行反復核察驗證……最後得出的是的的確確真真切切，就上述幾十種風水門派而言，都存在著1＋1不能等於2的錯誤啊……尊師金偉先生曾仰天長歎，那麼眾多的風水術，為什麼都有缺陷啊？莫非這是天意？曾俯地短籲，古之先賢就真的沒有將完美無瑕的風水留傳於世嗎？金先生問天問地問古今，不可能沒有真經風水，只是還沒有被眾人發現而已……正如真理總是掌握在少數人手中一樣，真風水一定會在少數人手裡……金先生一邊思考著一邊堅定自己的信心。先生繼續在古今風水典籍裡求

索，遊走八方到處覓尋良師益友……皇天不負有心人啊，也更是先生的初心使命與擔當感天動地，終在2013年於終南山裡遇道門高人，玄極王道長，贈書並口傳應用圖訣，此書就是《地理黃金屋》中提到的《玉函枕秘》和《四十八局圖訣》。這也是前文所言的打開楊公五經風水完美寶庫的"金鑰匙"。尊師終獲至寶，返鄉後數月興奮不已，對之前的各門各派所不能解釋楊公五經的，用《玉函枕秘》全能詮釋，對之前考察的眾多風水實例，全能一一應驗……可以說是學理上皆能通解，實例上皆能驗證吻合……這不就是打開楊公五經的金鑰匙嗎？金師從學術上對《玉函枕秘》做增釋，其目的是不敢私有，遂收門徒而傳秘……筆者好風好水幾十載，亦與諸多研習者有共同的疑惑，即被諸多門派的缺陷所困擾，以至不能自拔，曾經幾度放棄。深陷迷茫困頓時，某日偶然搜到了金先生的電話，並通了電話。金先生了了數語，就切中要點，一下子點破了長期的困惑。隨想讓犬子拜師金先生，可犬子因工作原因，不許可，於是自己師從於金先生研習《枕秘》，山城短短三天，尊師的口傳心授，風水上多年的諸多疑惑全大獲其解。後又推薦亦師亦友亦學生的某著名高校研究生畢業的王總入其尊師師門。王總，國企工作，工商管理碩士，道家文化愛好者，龍虎山符籙研究院系統學習天師派符法，天師派符籙明師，道家上清派弟子，常年研習龍門武當玄武派樁功與全真南派內丹。王總一邊學習，一邊請尊師為其研究生的同學唐先生選擇母親陰宅寶地，並擇日課而用。當是日，頓應金蟾盤井，彩蝶舞棺等五大奇瑞之象（詳參王總之序），令主人唐總佩服不已，連連稱讚尊師其風水水準造詣高矣。用後諸事榮昌。

風水文化不僅是中國傳統文化的瑰寶，是我大中華民族的，也更是世界的。尊師毫無私心，樂於奉獻，在擇優傳授國內門生的同時，也優傳於海外弟子，讓風水文化走出國門。凡入門者，無一不對尊師頂禮膜拜，交口稱讚啊……如，河北唐山王總對我說：「感謝楊老師引薦入金偉先生之門，學到了以前從未學過的真經啊！」。「自吾涉青烏一術，修行法門眾多，不勝枚舉。綜觀求學之路，迷時師渡，尊師金偉先生知無不言言無不盡，直解尋真楊公五經密，天機盡泄，尊師易德生平僅見。」這是師兄馮永建的感言。香港證券交易所理事會總經理賴仲禮師兄感悟：「該書只是金師理論的一部份，但根本邏輯已經呼之欲出。不敢說金師的大作後無來者，畢竟條條大路通羅馬，但我敢說能讀懂‘增釋玉函枕密圖訣’，人已經在羅馬無疑了。」又如廣東普寧市林鴻彬師兄感悟：「弟子自以學青烏之術二十餘年難以得真訣，承蒙恩師點教玉函之秘，玄空之意！感歎天下諸書對不同，八卦只有一卦通，不外郭公演經立意出玄空之義。感慨玉函枕秘實為雌雄陰陽交媾而生生不息。歷代先師傳訣不傳圖，傳圖不傳訣，實為地學之秘。感謝尊師能出版玉函枕秘為玄學界點亮一道明燈，使後學者不走深淵之路。」臺灣翁博士也是國學文化之大家，訪眾多海內外名師高人，但最終還是入金偉先生門下。現今翁師兄在臺灣積極聯繫出版社為尊師出版，並定言：「絕世珍本《增釋〈玉函枕秘〉》的問世，將改寫混亂的風水怪像。」還有一些從政的中高層領導，由於特殊原因尊師不予公開，諸如此類師門內師兄們的學習後的肺腑之言就不一一列舉。從其他師兄弟們為尊師的序中可以有更細緻瞭解。師門外高人行家亦對尊師給以高度認可，如天機某一版主於2018年12月25日私信：「從金兄以前在168發表的文章，我是看出金兄得真傳，我也就不再班門弄斧了，玄空能發揚；另一方面，我也沒有誤導人。」師門外行家諸多對尊師的高度評價，鑒於他人隱私原因，也不多列之於此，此版主一例所言足以證明我尊師之「得道」也哉……今逢盛世，中華傳統文化正值復興昌盛發展時代，尊師應弟子門生之請，本著普經於民，道濟天下為己任，決定讓《玉函枕秘》以導讀之形式在臺灣出版，讓更多的風水愛好者研習到真經，實乃尊

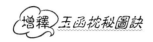

師之大愛，實乃我玄極師門之大榮，更乃風水文化界之大幸啊！

值尊師大作出版榮光之時，師令我第三代玄極門掌門人特為之序，幸之，榮之，以拙詩紀之。賀尊師金偉先生《增釋〈玉函枕秘圖訣〉》出版

之一

國運盛世年，文化復興傳。

尊師有大愛，枕秘導讀獻。

風水從此正，真經光輝顯。

玄極門派立，名揚四海天。

之二

踏破腳，羅經托，滿山春色秀峰收。

易學火，風水熱。一懷愁緒，多年求索。錯、錯、錯。

春如舊，人空求，淚痕滿面汗衫透。

玉函說，枕秘訣。終南山在，仙師難著。莫、莫、莫！

（注，以此紀念尊師順天意 於終南山偶遇仙道王道人得真經……後再訪仙道無果。）

之三

玄極門玄玄玄玄，玉函枕秘秘秘秘，

風水混湯自此清，楊公正道寓真理。

玄極門第三代掌門人　楊易林

辛丑年戌月寫於北大哲學系原乾元國學教室

楊易林，民俗文化與易學文化學者。中國詩歌學會會員，現任清華大學體育與健康科學研究中心智慧健康管理研究院研究員、特聘教授。兼任北京師範大學中國易學文化研究院環境規劃與建築易學應用研究中心課題組負責人、兼職教授，北師大易學碩博課程班教材副主編、編審。北京師範大學《周易文化叢刊》編委。

《我與風水》代為尊師序

　　聞老師出書，滿心歡喜！

　　1995年夏，我被《八宅明鏡》吸引，複印此書，從此步入風水的學習與實踐中。2007年，在北師大歷史學博士課的學習中，有幸認識了易經老師張濤先生，對風水有了更深的瞭解。2009年，在北師大易學與管理哲學博士課中，我又學習了《八宅》、《三合》、《玄空》、《金鎖玉關》、《地理五訣》等多派別風水術。從2010年8月起，我常年練習龍門武當玄武派渾圓樁功和全真南派的內丹功法。2016年3月，在江西龍虎山符籙研究院系統學習華夏千年隱宗——法門、玄門、禪門的改命、改運符法，成為了一名符籙明師。

　　後在北師大楊易林老師推薦下，我向玄機門金偉老師學《玉函枕秘》。《玉函枕秘》為道門內秘傳，作為擇地煉丹修道之用。道家修煉四大要素：法、地、侶、財。古今道家大成就者，無論外丹、內丹都把擇地修煉作為重中之重。蓋丹非地不成，仙非地不升。重陽祖師云：凡修道者，要得山川靈氣。故地利不可不擇也。做為道士，煉出金丹，成為仙，煉出內丹修為真人，成長生不老之軀，駐世永存。故道門中丹道大家皆精通此術。

　　風水是符合天道、地道、人道的法則。即因人制宜，因地制宜，因時制宜，符合天、地、人、物、法的準則。是地形、地貌、地質、土質、水質、水流等多種自然因素要求與天體運行的完美組合。雖說是玄學，亦是自然科學。只是我等百姓日用而不知也。

　　《玉函枕秘》口傳秘法通過借用道家修煉的玄關、坎離、黃婆、陰陽交媾等術語形象解釋了《楊公五經》的內容，如：《青

囊序》"一生二兮二生三,三生萬物是玄關"的全過程,完全契合楊公五篇的挨星法則,驗占率極高。

　　有案例為證,2020年8月我同學唐先生母親因病故去,唐先生全權委託我辦理塋地擇址一事,金偉老師為核心人員。我們前往唐先生湖南老家,三日後確定其祖塋旁的一塊地,經金老師定課於辛丑年9月26日10點8分下葬,擇日在9月25日巳時起金井。25日巳時,起金井放鞭炮時,有一群鳥在井上盤旋,其中兩隻鳥叫聲非常清翠、動聽,此一瑞象。9月26日,棺槨下葬。10點整,棺槨隊伍把棺槨放在金井邊上,唐先生抱著遺像等候吉時。唐先生看到井內有一隻蟾蜍,我一看,確實有,還是兩隻,一隻在井頭,一隻在井尾,此二瑞象。吉時到,鞭炮響起,右側響起其他地方響起鞭炮的呼應,過了約一分鐘,左邊也響起鞭炮回應,真是瑞象多多。金老師的《玉函枕秘》真乃風水真經。

　　作為一名道修實踐者,我學習千年隱宗的符籙及金偉老師的《玉函枕秘》後,可以通過改命、改運、改風水,再造嶄新人生。更有信心服務社會大眾,也願《玉函枕秘》被更多風水愛好者所喜、所用。

　　先哲們經過千百年來的心靈守望,傳承與發展著中華文化,在盛世時將古籍與心法公開於世,為往聖繼絕學,薪火相傳,正是先賢們一代代的相守相望,才使絕學大放異彩。

　　天道彌遠,世道惟新,惟願疫情遠離,人類健康,祖國富強,道脈發旺。

辛丑年農曆九月十九日丑時 王海青 於唐山南湖道堂

本門弟子序言

　　堪輿之書，百家紛出，泛濫無宗，真偽混淆，在唐時就逾百二十家，使人莫能宗之。偽本者，如範宜賓之《乾坤法竅》，鄧公早已痛批其謬最甚，學者不可不辨。今聞恩師渝中金偉先生欲將本門秘傳《玉函枕秘圖訣》寶書梓行於世，此實為堪輿界之大幸事也，此書更應是地理萬世之統緒。恩師近年幾度發露前人未肯言明之秘，苦心辨正旨在使術者覺醒，還原楊公風水本源，今又公開刊行此寶書秘訣，真乃學高德厚，為師之範。

　　相傳《玉函枕秘》乃天寶玉符神仙之冊，本作天子家傳，自古就被皇室所私藏秘不輕示，古來先師秘而不宣。至唐末黃巢叛亂，楊公救貧先生獲之兵火之餘，才將其攜出民間，隱居江右授徒，楊公遂為百代陰陽之宗，然楊公師徒亦不肯冒禁輕洩，以致真訣隱沒，罕有得傳。

　　昔蔣公遇無極真人於原枝之野，叩問金丹大道。真人曰：人道不修，仙道遠矣！天氣生魂，地氣生魄，造化之精英，性命之根底，於是乎寓焉。若祖宗父母靈骨不棲，則二象薄蝕、五行為災，身且不保，而何有於長生久視、蟬蛻羽化乎！我先授子以《玉函》之秘，山原、水澤、二宅奧妙，是名人世金丹，歸葬其親，兼以宜民保國、建宅開都，敬奉無極，將語子以至道矣。據此可見蔣公師從無極真人處所學亦是玉函之法，然蔣公敬守，秘密寶藏，雖著《地理辨正》一書，廣行天下，惜將圖訣隱藏不宣，從未明言洩漏，以致讀者無門而入，此道不可謂不珍貴。後至清代嘉慶年間，有戴公禮臺、鄧公夢覺尤精此道，亦有秘圖要訣傳世。此冊《玉函枕秘》底本便是民國時李桂荃得戴、鄧二公秘本彙編而成。

恩師自幼習易，尋師訪道多年，後於癸巳歲得鄧公再傳弟子王道長授予玉函圖訣及心法。至此恩師將祖師理氣一線穿之，風水之理推演殆盡。乃至道家金丹大道天地門戶、坎離交媾、過客不入黃婆家等諸秘說融會貫通，卻無半點附會之言。若無真傳正授焉能洞悉其妙？後恩師不懼艱辛，遍覆祖師仙跡，乃證所學與當年祖師所行之道無二，是為楊公正傳，驚歎之餘不忍真訣再度隱沒，遂開"玄極門"教授我等弟子玉函枕秘心法及四十八局圖訣，使我等得承楊曾黃諸先師正旨，此德可並楊曾功臣流傳萬世矣。

此《玉函枕秘》所載陰陽顛倒作用，乃玄空大五行三大卦理氣精髓，亦配以圖訣以便後學體認，些子、城門、打劫各圖更是三元真傳，楊曾心法，多是先賢隱而不發之秘，別處從未得見。縱古之芸芸眾生又有幾人知之？是書使人得知其概，以便訪求正道。此《玉函枕秘》乃堪輿入門捷徑，指迷玄關，凡有志學者，若能虛心玩索，仔細研讀，定有所獲。庶不負先師遺書之德，恩師刊行之功也。

然就其中奧妙深處，天根月窟、七星打劫、挨星訣等諸法精義，不得師傳口授點破，縱能人志士亦難推求，終不解也。若有緣得師指明，將觸目可見，"大道至簡"正是此謂也，風水之道亦由此而登堂入室矣，業斯道者，不可不知此《玉函枕秘》，實乃堪輿之明燈、地理寶鑒也！有緣者得此寶書，應珍之寶之，萬勿褻瀆。

余贊曰：

玉函枕秘世罕逢，仙卿流傳玄極翁，
天機秘訣今現出，仁人孝子緣可通。
莫把他法稱至訣，挨星方是造化功，
尋師渝中承奧旨，幸得妙蘊禮楊公。

下元辛丑歲季秋吉旦，玄極門嫡傳弟子川東杜易成謹識

賀尊師金偉先生《增釋〈玉函枕秘圖訣〉》序

　　"風水"古稱"堪輿"、"青烏術"，古語有云："堪，天道也；輿，地道也"。天垂象，見吉凶，在天成象，在地成形。風水的核心便是人與自然的和諧，達到"天人合一"。

　　達到"天人合一"，需配合天時、地利、人和。在風水中，"天時"為運為時間，"地利"為星為交媾為空間，"人和"則是天時地利疊加的受作用點。本質是通過空間與時間的巧妙結合達到"天人合一"。

　　經云：唯有挨星最為貴，泄盡天機密。迷霧重重的《奧語》四句話：坤壬乙巨門從頭出，艮丙辛位位是破軍，辰巽亥盡是武曲位，甲癸申貪狼一路行。坤壬乙訣正好體現了天時，是時間法則，體現的是"堪，天道也"。流傳的坤壬乙訣有諸多版本，而作為正確的坤壬乙訣是以三般卦通過樞紐轉換先後天及交媾，完整的推導出來。但千年以來，無人敢將此天機密的推導一語道破紙上，縱然是令洛陽紙貴的蔣公也緘口不提。不知來路，何識歸途？"識得玄空挨星學"，才能真正的體會道什麼是"朝是凡夫暮是仙"。

　　青囊序"一生二兮二生三，三生萬物是玄關"。何為一，一者為玄關一竅；何為二，二者為天卦、地卦，為生死之機；何為三，三者為坎離交媾三般卦；何為萬物，萬物者乃二十四山分順逆，共成四十有八局，此四十八局是活局，可以組合成千千萬萬個組合，所以《天玉經》："一個排來千百個，莫把星辰錯"。四十八局作為本門的核心內容體現了風水中的空間法則，體現的是"輿，地道也"。"明元空，只在五行中，知此法，不須尋納

甲"，四十八局圖訣，也可以通過尋納甲完整推導。龍，穴，向，水，根據不同的方位，組合起來的吉凶完全不一樣，德國哲學家萊布尼茨說過："世上沒有兩片完全相同的樹葉"。風水也是多樣性的，哪怕同一卦山，將來去二水對調，所應的吉凶、時間、所發房分等都不一樣。而四十八活局正好是三生萬物，將龍，穴，向，水不同組合的吉凶展現得淋漓盡致。

運替星不吉，禍起至滅門；運旺星更合，百福又千禎；衰旺多憑水，權衡也在星；水兼星共斷，妙用更靈通。星是空間概念，運是時間概念。星、運二者相互結合，9運與9星，順逆四十八局，產生何止一般理氣書上的寥寥數頁的論斷？！

本人接觸風水一術二十餘年，先後學習過不同門派的理氣，但是越學越感覺不敢用風水一術，而且越學越複雜，因為各種各樣的理論都會有相悖的情況，對比先賢的所做開族發貴發財發丁墓穴數據，都不能完美解釋，只能馬後炮的自圓其說。翻閱先賢所著風水古籍，基於先賢的保守，要麼有圖無訣，要麼有訣無圖，寫的玄之又玄。而且古籍琳琅滿目，更是無所適從。哪怕得到真訣，因寫的太晦澀及無正確點撥而無法正確解讀，與大道失之交臂。風水學上有一句：巒頭無假，理氣無真，盡信書不如無書。就是因為先賢抱有"楊公寶照真秘訣，父子雖親不肯說"心態，以及擠牙膏式的傳承方法，讓很多風水愛好者走過很多彎路，感觸良多。

三元三十六門，真者獨一，《玉函枕秘》歷來為道家之秘。2020年10月有幸得到恩師傳承，授予心法口訣、完整《四十八局圖訣》和絕密天根月窟訣。《玉函枕秘》書中的時間法則、空間法則，與巒頭理氣合為而一。此秘本與先賢的《地理元空法鑒》、《地理辨正圖解掌訣》、《地理辯正圖訣》、《一六掌秘本》等理論不謀而合，能完整的解讀楊公五經，通過楊公及其嫡傳弟子所做陰陽宅理氣數據對比，亦能與四十八局圖訣吻合。

　　"莫依八卦陰陽取，陰陽差錯敗無窮。百二十家渺無訣，此訣玄機大祖宗"。玄極門《玉函枕秘》通過"玄關一竅"，排出順逆"天地二卦"，在"天地二卦"以"二八生死之機"推演48局圖訣。至此，方才直指大道，種種所疑頓時煙消雲散，明白何為北斗七星去打劫，離宮要相合；何為坎離水火中天過；何為先賢秘傳"破軍前一位，永世不傳人"；何為蔣公言道"大道無多，只爭那些子"。方才明白先賢不認大道失傳，但深悟道不輕傳而唯有撰書秘傳的良苦用心。此時，解讀楊公五經，宛如閱讀白話文。古人堪輿大道實乃是大道至簡，返璞歸真。每每再閱先賢經文，感慨字字珠璣，古人不欺我也。真傳一句話，假傳萬卷書，此已盡泄天機。

　　良才逢盛世，尊師傳承風水，身兼重任，志存天下，為弘揚國學，將《玉函枕秘》一書以增釋方式出版，實乃堪輿界之樂事，乃我玄極門之幸事。

辛丑年秋

弟子馮永建於廣東云浮

學習感言

作為風水熱愛者，在香港生活了幾十年，我對本地風水各方面情況有一定的瞭解。單說學習這一環節，在香港多是參加明星級大師開設的風水班。一個班畢業了，由於感覺尚有欠缺，還會再參加其他大師的風水班，輾轉反復。我也一樣，曾經跟隨不同的大師學習各家各派的陰陽宅巒頭和理氣知識。無獨有偶，大師們在最後期最高級的課程中都會解構楊公楊筠松一脈的《青囊序》、《青囊奧語》、《天玉經》、《都天寶照經》等經典著作。由此可知，楊公的風水理論是芸芸眾大師都奉為圭臬的。

問題來了，青囊諸經行文固然優美流暢，讀著舒服，卻帶著濃濃的神秘氣息。說白了就是字字都看得懂，串起來是個謎。在我跟隨大師們研習風水的十多二十年間，沒有任何一位的理論能相容楊公理論。從香港最流行的玄空飛星，到大師不輕易傳授的大小64卦，又或者日漸打入市場的三元納氣，都不能合理解釋青囊諸經，牽強附會讓人難受。直至有幸遇上玄極門金偉老師，以金師傳授的理論，終於可以揭開青囊諸經的神秘面紗，跟緊楊公的足印。個人認為，金老師已得楊公的正經真傳。

得知金老師決定出版《增釋玉函枕密圖訣》一書，為金師賀，更為有志研究楊公風水的朋友高興。在眾多解析青囊諸經的作品中，《增釋玉函枕密圖訣》必將脫穎而出，成就一股正本清源的強大動力。該書只是金師理論的一部份，但根本邏輯已經呼之欲出。不敢說金師的大作後無來者，畢竟條條大路通羅馬，但我敢說能讀懂《增釋玉函枕密圖訣》，人已經在羅馬無疑了。

弟子**賴仲禮**於香港中半山

2021年10月

玄極門弟子感言

　　很榮幸能獲得這次為玄極門金師的新書出版寫序的機會，想起來隨師學習已經有六年了，經過這六年的反復驗證，更加的讓我堅定相信玄極門的體系是真才實學，是經得起事實考驗的學問。

　　本人學習風水也有二十年了，學習過的門派多不勝數，開始學習的十年都是徘徊在各研究大門派的理氣的真實性，還有嘗試去破解古人的風水模型。風水界裡面一直都以《天玉經》、《青囊序》、《青囊經》、《青囊奧語》和《都天寶照經》五本經典為風水正宗，而經書裡面的文字艱深隱晦，留下了大量的想像空間給後人，導致了坊間出現了成千上萬的不同派別的誕生，所以在學習風水的過程中感覺到很迷茫，每個派別都會以自己所臆想的理論來解析五本經書，每個門派的解析方法和思路又是幾乎徹底的不一樣，而各大門派的解析又總是有點穿鑿附會的感覺，總是覺得哪裡不對勁，不合邏輯。

　　還記得多年前常常在天機論壇上面跟易友聊天交流，在理氣討論版裡面發現了金師對於經典的解析，都是以前沒有見過的，而且看起來非常合理，所以就冒昧前去請求金師教授玄極門的學問。經過金師的耐心教導之下，我學會了玄極門的體系，驚歎古人的玄空學理居然是這樣的環環緊扣。玄極門對於幾部經典的解析也是我接觸過最合理最自然流暢的一套體系，所以當我在學習後就已經挺有信心這是風水之真法也。在後來經歷了好幾年的驗證，就更加的深信不疑，到今天我仍然非常感恩有這樣的機會再去跟金師學習。

願金師的《增釋玉函枕秘圖訣》給廣大的風水愛好者帶來福音，弘揚古典風水之正宗！

弟子禾山

於香港中西區

2021年10月24日

目錄

上卷

下卷

續卷

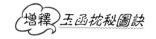

增釋《玉函枕秘圖訣》導讀

（金偉增補）

　　地理之學，妙乎體用。體用兼備，諸法咸歸。"體"在"用"中體現，"用"亦在"體"中表達，體用是不二的。**先天為體，後天為用**。先後天八卦是整個風水的靈魂，是易理精髓，在整個《玉函枕秘》的系統中發揮得淋漓盡致。**河圖為體，洛書為用**，河圖無為順生自然之道，洛書有為逆剋變化之妙。**巒頭為體，理氣為用**。《枕秘》續卷闡述得清清楚楚明明白白，"巒頭理氣合為而一，此真天地之奇妙，作用之巧絕"。**本門在實際操作過程中，如果沒有巒頭數據就無法排盤起數**。《玉函枕秘》本是世世秘傳，代代手抄，此書：法妙坎離，道通乾坤，闡青囊諸經之秘，一生二，二生三，三生萬物，生生不息，乾坤闔闢，陰陽為道。這本書籍內容可參考清代先賢鄧夢覺所著《地理知本金鎖秘》和《地理黃金屋》，此二書在理氣部分就是闡述《玉函枕秘》和《四十八局圖訣》的，在《地理黃金屋》（新標點）148頁："苟非玉函枕秘，真傳口授掌訣，斷不能洞悉美善，而升古先師之堂、入古先師之室而！……此本片言紙字，唐宋元明至今，並未刊佈流傳入市，我江右有得之家，奉為天寶玉符，秘不輕示，故得者亦罕。"《黃金屋》第11頁："幸師圓覺上人，出以玉函枕秘，口授指畫，而始得地理真傳"。正是《地理黃金屋》：玉簡金泥，天珍地秘，一語透宗，諸書皆廢。

　　乙亥版玉函通秘第二冊18頁和19頁也兩次提到枕秘，如第18頁："而枕秘斷未有兼貪者，此人元兼貪之義也"。

　　恩師王道長，道號玄極，1929年5月生，本是鄧公再傳弟子。並與陳摶老祖是一脈相承，天根月窟圖譜就是鐵證。恩師在

2013年授予我玉函枕秘核心圖訣及心法口訣和《四十八局圖訣》，得訣歸來如獲至寶，幾個月來廢寢忘食，潛心研究，同時又突破了風水中的許多瓶頸，爲紀念恩師，遂以恩師法名玄極門傳道授業，面授有緣弟子。當時在恩師手中只複印了《玉函枕秘》下卷和續卷內容，因上卷與《新增大五行圖訣》《地理辯正圖訣》等書籍內容相同，附錄就是一六掌，雖然我有並且拜讀過，只是早年間無人傳授不明其法，當時也沒有想到要傳授弟子，並且《玉函枕秘》書中資料早就有70%的內容已經在市面上得以傳播，所以就只複印了市面上沒有流傳的重要內容。後又在機緣巧合下還是複印到了完整的《玉函枕秘》手抄本。

此次出版是貫徹文化興國的方針，這部千古秘書的現世，讓風水走出一個正確的方向。本書的出版，不僅讓古籍秘本重現於世，而且把秘而不宣的內容也披露出來了。恩師傳我之時曾言道：風水界也混亂了許多年了，該正本清源的時候了。以前我也學習過各大門派的風水，都是瞎子摸象，時靈時不靈，不系統。學了枕秘後才真正明白鄧夢覺先師說的：升古先師之堂、入古先師之室而！真訣一定是大道至簡。

此《玉函枕秘》分上卷、下卷、續卷、附錄四部分，四個部分均屬同一系統，前後關聯，絕不矛盾，地理講究的是一個理，理不通則廢。上卷部分是風水理氣的原理和相逢數。其中相逢數是以六十甲子計數，以飛九宮轉八門，九宮八門相逢相遇之數即六甲相逢數，最大數字72數以應72候，定何年何月發達之應期，並含隱理氣的先天卦氣，玄關，生死門，坎離交媾等等諸多奧秘，並依此相逢數據可將下卷的七星打劫圖，續卷的些子圖，挨星順逆局絕對100%的推算出來，這就是系統性。相逢數還是七星盤的原始數據。正是《青囊經》：用八卦，排六甲，布八門，推五運，定六氣，明地德，立人道，因變化，原終始，此之謂化成。更是《黃帝陰符經》："八卦甲子，神機鬼藏"。

　　下卷是龍水城門訣原理並列舉了48個城門訣圖，中途穿插了一個非常重要的內容，就是七星打劫圖共九圖，此七星打劫圖極爲重要，它不但是七星打劫的一個環節，還是整個挨星的一個必不可少的步驟，天地父母三般卦也由此中產生，它的眞實名字在天玉經多次被提及，此下卷的七星打劫圖與上卷的相逢數息息相關，並是續卷的許多重要內容絕對不可缺少的組成部分。還在附錄的一六掌中也有出現，在整個玉函枕秘一書中起著一個承前啓後的作用（當然了，相逢數同樣也是貫穿上卷、下卷、續卷、附錄的一把鑰匙），市面上許多門派和書籍都用不同形式的公開了第五圖（包括地理辯正圖訣等等），許多門派由此延伸並得以發展。由於此圖極爲重要，故書中也含糊其辭，沒有洩露眞正用意，大凡學習玄空者就應該仔細研究此圖。此圖用法很多，《青囊經》《青囊序》《青囊奧語》《天玉經》等等經文就必須用到此圖。

　　續卷內容最爲豐富，是理氣重要圖訣，也是解開天玉經的鑰匙，只是過於隱晦。城門定穴高低左右十字些子總圖，即市面上流傳的十字天機夫婦交媾，天地人卦結穴些子圖是古人在詞語上是故布疑言，實則是天地人三元。結合下卷的四十八圖城門，總計144局龍水合十城門訣，這144龍水城門訣包括所有的：先天來龍後天向、後天來龍先天向、三元正夫婦交媾、三元反夫婦交媾催財：三元先後天夫婦交媾：三元混合夫婦交媾：顛倒夫婦交媾：三八納夫婦交媾、十字天機夫婦交。我在增補的內容中將書中分散的各個城門圖用一個總圖繪製並加以注解，讓讀者一看即明，一看就懂。實際上玉函枕秘早就分散應用在各個門派之中，只是自己不知道而已，但所有的城門訣都只是四十八局的冰山一角。二十四山些子圖最爲重要，在弁言中提到些子圖畫龍點睛。些子圖可由上卷的相逢數推算而出，並且離不開下卷的七星打劫圖，些子圖的所有數據皆從玄關而生，還有排天卦秘法，不但有天卦，些子圖是一生二，就是天卦生地卦。乾坎艮震四男爲"些子"陽，坤離兌巽四女爲"這個"陰。蔣公不云乎："大道無多，只爭那些子，故曰不離這個。"縱觀全圖，"些子"與"這個"全部是兩兩相對，易曰：一陰一陽之謂道，"些子"與"這個"陰陽相見，福祿永貞。些子圖結尾有本人注解。挨星順逆局同樣可以從上卷的相逢數推算而出，並且數據也來自下卷的七星打劫圖，所有先天卦氣均由玄關而生，並與些子圖共命運，同呼吸。上卷、下卷、附錄的精華全在續卷之中。

　　附錄是鑰匙，前面上卷、下卷、續卷基本上都沒有提到附錄，實際上前面三卷的內容都會在附錄裡面或多或少出現，附錄有一六掌訣，相逢數文破相逢圖，城門訣，排天卦等等內容。所以全書上卷、下卷、續卷、附錄是一個整體，從邏輯性，連貫性，系統性，環環相扣，一絲不亂。並且整個系統從來沒有矛盾，完整的運用圖訣見《玄極門四十八局圖譜》（即玉函枕秘古本第7頁"另有四十八局圖訣"）。本人所繪製的天地元氣運行圖不但含有上卷、下卷、續卷、附錄的內容，更是玄極門的鑰匙，過客不入黃婆家，太極"5"黃位乃諸法之源，萬象之根。

　　《玉函枕秘》的核心是闡述三大卦四十八局為主，二十四山分順逆，共成四十有八局，這四十八局包含了天下所有的山水吉凶，所以經文才有"共成四十有八局"的說法，並非坊間所傳言的二十四山一正一變四十八局。然而自古傳書不傳訣，傳訣不傳書。在鄧夢覺先賢的地理黃金屋有提到此書，書中把四十八局內容分散於各卷之中，每卷內容相互牽連，環環相扣，道生一，一生二，二生三，三生萬物是玄關，既然是入門導讀，就不得不提到玄關。玄關是進入門戶的必經之路，玄關一竅通天地，玄關又是天地運行的門戶，《河圖道源》："奎壁（天門乾）角軫（地戶巽），則天地運行之門戶也"。後天乾巽在先天則為山澤通氣，乾六天門先天是艮為山（鼻）通天氣，巽四地戶先天是兌為澤（口）通地氣，在玄關處運行先天乾陽一氣，故李虛庵祖師說：「一陽出動即玄關」。四六為玄關要合為一竅，故丹經「此竅非凡竅，乾坤共合成」。查四十八局，玄關一竅必有乾坤二卦，其中乾對應的剛好是天卦，坤對應的剛好是地卦。先天山澤（後天乾巽）通氣口鼻為呼吸之門戶，一上一下，一開一合，一入一出，一來一往，一陰一陽，一呼一吸，流通九竅，「星辰流轉要相逢」。天地有呼吸，山川才有靈氣，天地呼吸的門戶在天門地戶即玄關先天山澤通氣，有了呼吸才能產生生氣，有了玄關才能生一生二生三生萬物，知玄關便可私窺天地呼吸之奧秘。

玄極門秘言：順則從地逆行天，只在其中顛倒顛。太極攸分，兩儀運行，過客不入黃婆家。陽儀左旋從地戶順時針進天門出，陰儀右旋從天門逆時針運轉地戶出，一順一逆進退有度，中五立極，以靜制動，臨制八方，故字字金「左旋右旋，玄空最貴」。世人都知道「唯有挨星最為貴」，挨星出於何處？九星起於何處？青囊序「一生二兮二生三，三生萬物是玄關」。天卦和地卦同時在玄關中產生，故丹經「乾坤共合成」，是故天玉經「九星雙起雌雄異，玄關真妙處」。經文用玄關真妙處畫龍點睛，妙者奇妙，眾妙之門。一生二在玄關，二生三在玄關，三生萬物在玄關，九星同樣起於玄關，一個排來千百個也在玄關，不知玄關則不可妄談挨星，不知玄關則未入挨星之門也。秘本云「易所謂山澤通氣，諸家所謂玄關一竅，此之謂也。乾坤乃日月之精，坎離乃陰陽之用。」所以風水排盤的第一步是尋找玄關，入得玄關方能登堂入室。

四十八局從玄關出來全部是先天合九，後天合十，合九合十乃河洛之精英，並且星辰流通九竅。這就是我提到的一卦順逆就能產生四十八局，並且還能宮宮合得陰陽正配，《地理辯正圖訣》：一宮是一卦交媾，一圖已設八卦，下卦交則卦卦交，奇絕。《刪定大五行圖訣》：一卦交則卦卦俱交，奇絕妙訣。鄧夢

覺先賢的地理黃金屋雖然也說過一卦順逆，我公開了這是乾卦，乾卦出去乾卦回來，宮宮合得陰陽正配，本宮還能得純陽乾卦（重乾卦）與五黃太極同宮。這才是："玄關真妙處"。師傳："紫陽九重天，還歸一太極（天卦地卦同歸太極，太極宮位九九歸一，《地理辯正圖訣》有："即天地之合數也……合數者九九八十一也。"），金丹證大道，不離三般中"。玄者玄牝玄竅玄關之門，山澤通氣，呼吸之根，空者無極而太極，道家的無，佛家的空，儒家的中庸，不空何以藏真氣以臨制四方，不空何以九九歸一轉純陽，不空不舍何以得金丹。此謂之真玄空。

道可道，非常道。名可名，非常名。無名天地之始；有名萬物之母。故常無，欲以觀其妙；常有，欲以觀其徼。此兩者，同出而異名，同謂之玄。玄之又玄，眾妙之門。《道德經》真不愧為萬經之王也。運行之中自有生死二門坎離交媾而成丹，奇門以艮為生門坤為死門，黃帝內經以艮為鬼門（死門）坤為人門（生門），二者都是源於道家文化，看似矛盾卻都只透露了一半內容，唯有挨星一訣才能把中國古代傳統文化一脈貫通，並且把挨出來的數據用河圖洛書之法自然就毫無誤差的與乾遇巽時觀月窟，地逢雷處見天根絕對吻合，這才是眾妙之門，此乃真正的天機。

《玉函枕秘》雖然有書有圖而無訣，但這些秘法盡數分散隱藏在書中些子各圖，七星打劫圖，挨星順逆圖等等圖訣之中。生死艮坤二門等等同樣出自玄關（一切皆從玄關運行中產生），盡在六甲相逢數中。運用六甲相逢數就知道了先天卦氣產生於玄關之處，也知道了北斗第七星破軍及破軍前一位（破軍指向的前方）分佈在後天方位的位置，知道了北斗七星與坎離交媾的真機，才更明白萬物負陰而抱陽的道理……《新增地理辯正圖訣》就有玄關圖，《玉函枕秘》有各宮玄關祥圖（用法靠口傳）。二八乃生死之機，四六為順逆之門。青囊經"二八四六，縱橫紀綱"。古人保守不願透明，若得心傳口授幾句話就講得透透徹徹並非常簡單，正是應驗了真傳一句話，假傳萬卷書，"若人識得挨星訣，朝是凡夫暮暮是仙"。再次聲明，《玉函枕秘》僅是我玄極門一部分內容而已，玄極門博大精深，至玄至奧至簡，玄者玄牝玄關，眾妙之門，極者萬法之巔，終極之門。理之至者為極，含無極，太極，皇極之義，故名玄極門。《玉函枕秘》與《天機玉函》《刪定大五行圖訣》《地理辯證圖訣》《蔣大鴻三元奧秘手抄本》等等蔣公鄧公戴公書籍一脈相傳，查閱蔣公所有資料便知蔣公說的玉函是玉函枕秘而不是通秘。其中《玉函枕秘》內容比市面上流傳的書籍更加完整全面，但都是傳書傳圖不傳訣（訣是師門口傳），縱觀這些書籍看似高深而複雜，讓人根本就看不懂，其實這些書籍是古人加了密的，是保守的原因，真訣口口相傳，得訣後才真正明白大道至簡。凡是楊公的所有秘訣都可以在掌訣中完成。

金偉　二零一八年十一月於重慶
電話13398581016　微信號jin13398581016

玄極門秘言

混沌初開太極分，兩儀四象八卦成。
上下五千玄妙語，道法自然天地人。
玄關一竅通天地，諸星挨排順逆輪。
順則從地逆行天，只在其中顛倒顛。
二八四六縱橫綱，乾坤坎離卦內藏。
出玄入牝眾妙門，天卦地卦一氣分。
弼文祿輔坤與兌，老父帶兒隨路行。
坎離顛倒三昧火，練得金丹在黃庭。
五行盡屬三般使，三十六宮都是春。
七十二候運周天，九九歸一太極真。

　　金偉特別聲明：三十六宮都是春，出自天根月窟，為什麼是春而不是夏秋冬？帝出乎於震也。在四十八局裡，運用河洛之數，乾遇巽時剛好在東方而出運行到中宮是月窟離，坤遇震時剛好在東方而出運行到中宮是天根坎，這才是坎離水火中天過，龍墀移帝座（倒排）。如此運行九宮，則宮宮合得三般卦，四十八局432宮，宮宮佈滿先天坎離真氣，天地二卦九九歸一，這才是真真正正的金丹已成。欲知其中之妙，首先要知道玄關一竅，排列出四十八局後運用河洛之法，則毫無誤差矣。任您聰明過萬人，不得神授莫猜詳。

　　在後面的正文中，所有的文檔均保留原文內容，凡是我補充或者是注解的新增內容，均有【】符號和金偉字樣。此書由本人及眾弟子整理校對。在此我向他們付出的勞動成果表示衷心的感謝。

　　《玉函枕秘》自古是口口相傳，代代重抄，《刪定大五行圖

訣》，《地理辯正圖訣》《地理辯正掌訣》《新增大五行圖訣》
等等書籍均是出自《玉函枕秘》其中的一部分，只要把諸書一對
照真假立辨。由於此書年代久遠，自古已傳抄過無數遍了，錯漏
難免，加上古人保守的原因，傳統文化博大精深，核心秘訣又分
散隱藏，內容更是晦澀難懂。本人不忍正經失匿與誤傳，故而增
釋其要，以便後來人參閱領悟。然學識有限，時間也倉促，錯誤
之處難免，望同道有識之士斧正。

玄極門第二代掌門人金偉
下元辛丑歲仲秋於重慶

玉函枕秘弁言

此卷爲三大卦玄空，挨星理氣之眞訣也。余民國辛未歲，辦道於陽江，得鄧先卿先生秘本，初名玄空寶鏡，後改名玉函枕秘者，然僅上卷耳。又復亥豕魯魚，幾經較核，方能辨別。至甲戌歲，余辦道於三羅，由招君子昌處，得戴禮臺師秘圖要訣上下二卷。上卷則與鄧公之玉函同，下卷則鄧公未載。後復由潘君睿川處，得當日戴公，設館於星子連卅時，親傳於羅鏡戴文英秘本些子各圖，故編入續卷之中，共成一巨冊，沿鄧公玉函枕秘之名以名之。且夫地理之學不外巒頭理氣兩門。巒頭者格物致知之事也，有形可見有跡可尋，故巒頭之書大都相同，其間有詳略之分，而無眞僞之別。理氣者，窮理盡性之學也，其理皆著於言論之間，可曲可直，可正可斜。故僞學旁門乘機竊發，如大小玄空、大小三合、雙山五行、生旺衰病等，莫不鬥巧爭妍，藏奸慝詐，幾如騙局博場，狼貪弄術，又如青樓妓館狐媚勾魂。嗚呼，可以悲矣。夫覓地葬親者，乃孝子仁人上安先骸，下蔭後嗣，最重且大之事也。今僞學者逞於私見，不計陰陽之乖張，五行之顚倒，惟托言楊曾之秘傳以期問世，致令孝子仁人，遵依其法，無論不得吉地，以致屍骸膏泉蟻，血食絕明禋，即有吉地而葬凶與棄屍同者，比比皆是。試於平旦之中，返躬內省，若輩何辜遭此屠毒，能不惻然淚下也耶。雖然亦無可厚非作僞書之人也。冥冥中有天道焉，天道福善禍淫，故作善降祥作惡降殃。三代下善人少而惡人多，天特假手於彼輩以行天罰耳。夫理氣眞訣可奪神功改天命，必善人之家方能得遇。故自楊曾以後，代皆擇人而傳，誠恐匪人得之，以反天命爲造物所忌耳。余今得此，亦由祖宗積德所致耳。原夫理氣本於河洛上應北斗主宰天地，干維元運宅墓合之故能發福。其中入用之要妙皆在四柱五行之中，其應驗之遲速則相逢數司之，些子圖則畫龍點睛，由博返約者，本書相逢數則詳且明，而五行四柱，惟載諸圖。眉目雖顯，而起例則隱而不宣，非參侯公聖讓之，挨星線法，卷中莫能測識。故二卷須卷須相輔麗而互考焉。然天道無親，惟德是輔，余非敢言德，不過借祖宗之餘蔭、我佛之慈悲，於歷年辦道之餘粹集各地之秘藏，知為真訣故手錄之，以為傳家之寶，並戒子孫後人務遵守家訓：以仁道報天地，孝道報祖宗父母，弟道報兄弟姊妹。且行義道以報師長，盡忠道以報國家。守通道以報朋友，持公道以維地方，守禮法以治家庭，知廉恥以保人格，存慈愛以教子孫，遵古法以別夫婦。果能如是，開卷自能明察妙理，而獲福無疆，不然行持不講、八德不修，徒恃有此真訣，以與造物爭衡，吾恐用之未必靈也。至於戴公當日在連州授徒時曾有秘本十二卷，以十二地支為次序，首二卷言大六壬之數以查往古來今，可卜某穴屬某氏，某龍某時開口。末二卷載其與人造葬，選擇補救之應驗。中八卷，四卷言龍穴砂水形勢性情結作之法則。二卷言理氣，二卷言選擇。另有二卷詳載起例，不在此十二卷之內。余雖未獲睹是書，聞羅定邑秀○及太平某處尚有此書）而○○者，則餘錄之天正運已得其梗概，理氣則此卷可稱完璧，第未得其書以相較對耳。姑記之，以俟後日有緣得遇云。

中華民國甲戌歲冬至後五日吳陽如如山人李桂荃氏
書於古瀧卅先覺祠之臥室

41

二十四山定局

甲癸申巽	為長男屬震卦	貪狼
庚丁寅乾	為長女屬巽卦	左輔
坤壬乙辰	為少男屬艮卦	巨門
艮丙辛戌	為少女屬兌卦	破軍
子卯未巳	為中男屬坎卦	祿存
午酉丑亥	為中女屬離卦	右弼

【金偉注：既然是定局，必有深意，然而古人太過保守，不願洩露更多知識。此是先天八卦抽爻換象而來，變上爻為地元，變中爻為天元，變下爻為人元，主爻一變三爻全變，乾坤坎離以中爻為主爻，震巽以下爻為主爻，艮兌以上爻為主爻。如先天坤後天坎壬子癸，壬是地元，先天坤變上爻為艮，子是天元，先天坤變中爻為坎，同時坤的主爻是中爻，主爻一變三爻全變，坤變為乾，所以子的對應卦是坎和乾，癸是人元，變先天坤下爻為震，其他以此類推，可參考《玄空法鑒》。此抽爻換象後的結果是審山水零正旺衰的，現在市面上的《玄空六法》等等都是源於此法，山水零正旺衰只是四十八局的一個附屬品而已，《玉函枕秘》以及我玄極門以巒頭空間為主，元運為輔，恩師曾言到大交媾的風水可以不論元運，元運也只是四十八局的一個附屬品而已，況且元運也必須要合得五吉位的十四進神才能運用。玄空法鑒那幅圖如果是最終結果，就不會出現轉化的問題了，如：怎麼把震轉變為貪狼的？怎麼把巽轉化為左輔的？怎麼把艮轉化為巨門的？兌為破軍，為什麼不變？怎麼把坎轉化為祿存？離為右弼，為什麼不變？還有文曲武曲在哪裡？包括學習《玄空法鑒》和《玄空六法》的人絕大多數是牽強附會而不知轉化的比比皆

是，但如果是得《玉函枕秘》眞傳的就必須知道其利用三般卦來轉化過程及原理，須知轉化後才能與《青囊奧語》："坤壬乙巨門從頭出，艮丙辛位位是破軍，辰巽亥盡是武曲位，甲癸申貪狼一路行"挨星訣相吻合。《奧語》的四句話讓許許多多的風水愛好者癡迷，四句口訣就是包括了原理，過程及結果，還有運用方法。如果不知道其起例方法及原理，根本就不知道如何運用，就沒有資格運用坤壬乙訣，知來路，識歸途。換句話說，如果眞正是楊公風水的傳人豈有不知坤壬乙訣的由來？坤壬乙訣既是空間概念的挨星又是時間概念的挨星，總之都必須要用此挨星方法。我是得《玉函枕秘》口傳心授，當然知道其中玄妙，在《玄空法鑒》等等書籍只是用一幅雌雄交媾生男生女配九星圖闡明瞭前半部，還有一幅更簡單的圖是闡明後半部的，是沒有披露的，這些都是《玉函枕秘》心傳口授的法訣之一，正如清代鄧夢覺先賢在《地理黃金屋》（新標點）11頁提到的：……"出自玉函枕秘，口授指畫，而始得地理眞傳"。以及148頁："苟非玉函枕秘，眞傳口授掌訣，此本片紙隻字，唐、宋、元、明至今，並未刊佈流傳入世，我江右有德之家，奉爲天寶玉符，秘不輕視。"

先天八卦抽爻換象後就是《玉函枕秘》二十四山定局

（要經過先後天八卦樞紐圖轉換後才能與《奧語》絕對吻合）

先後天八卦樞紐圖

坤壬乙巨門從頭出，艮丙辛位位是破軍。
辰巽亥盡是武曲位，甲癸申貪狼一路行。

此挨星訣本由先後天八卦交易而成。

乾坤老而不用，長男代父，長女代母，震交巽，坎交離，兌交艮。

紅線269局，黃線258局，黑線147局。

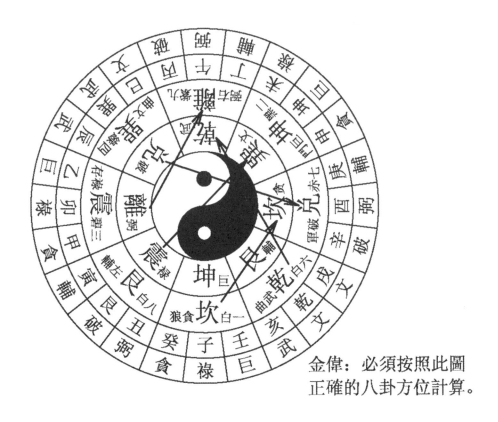

金偉：必須按照此圖
正確的八卦方位計算。

45

先後天八卦交易訣

乾入坎兮坤入離，八宮轉兮大挪移。（此二句含乾坤大挪移）

抽爻換象化三元，先後天中真消息。

玄關一竅藏秘密，門戶九星顯真機。

乾坤老而不須謀，二八震巽相交流。

一四七宮兌上求，三六九局離中游。

神仙傳下河洛訣，玄極法門枕中留。

備註：乾坤生六子，乾坤老而不用，長男代父，長女代母，震與巽交，坎與離交，兌與艮交。

金偉：口訣中有二八局（含中五），一四七局，三六九局，都是用的同一個規律法則而不是三個規律法則。說白了，在掌握了《玄空法鑒》雌雄交媾生男生女配九星圖的基礎上，或者是上圖先天八卦抽爻換象後的結果，以三般卦找先後天樞紐及交媾，就能夠把《奧語》的二十四山挨星數據全部推算出來。

前三句即《玄空法鑒》《地理冰海》等書籍均已將抽爻換象詳細講明，後面幾句話是解釋先後天八卦樞紐圖的，在《地理冰海》等書籍已經說明白是有兩幅圖，但諸書只公開了雌雄交媾生男生女配九星圖，還有一幅更簡單的先後天八卦樞紐圖，此圖就是一幅先後天八卦，標記了五個箭頭符號指向了三個宮位，也暗藏著巒頭理氣的用法，諸書俱不記載實乃保守的原因，越是核心的東西就越簡單。【由於篇幅有限，暫不詳談】

三元大卦九宮排定同元合局圖

四二六八 巽坤乾艮 四 元天 九三九七 子卯午酉	七一三九 辛癸乙丁 五 元人 四二六八 己申亥寅	九七一三 丙庚壬甲 六 元地 六八四二 戌丑辰未
七一三九 庚壬甲丙 三 元地 八四二六 丑辰未戌	三二一 六五四 九八七 地龍天 卦穴機 留水秘 後神密 鬼人宜 神細緘 守搜口	六八四二 乾艮巽坤 七 元天 九七一三 午酉子卯
九三七一 丁乙辛癸 二 元人 六二八四 亥申寅巳		九七一三 丁辛癸乙 八 元人 六八四二 亥寅巳申
二六八四 坤乾艮巽 一 元天 五九七二 卯午酉子		三九七一 甲丙庚壬 九 元地 二六八四 未戌丑辰

子午卯酉乾坤艮巽天元一四七局，乙辛丁癸寅申巳亥人元二五八局。甲庚丙壬辰戌丑未地元三六九局。龍穴水，俱不出本元之字位，是爲一卦純清。書云：龍合向、向合水之謂也。又曰：合五合十數當庸之謂也。此圖有無窮之妙用，細玩知之，神而明之，地理之道盡於此也。

右圖九宮分三元，每三宮爲一局，自具坎離化氣。天玉經云：坎離水火中天過者，此也。又云：乾山乾向水朝乾，卯山卯向卯源水，午山午向午來堂，坤山坤向坤水流，是指人地兩元合局作用，即本圖之秘籥矣。

九星

一二三方列貪狼，四五六處文武鄉，更有破輔與弼宿，七八九位安排裝。二十四山分三卦，共成四十有八局。一山二局一順一逆，如坐穴此山，則將此山安入中宮，而以先天順逆，照後天位數排挨。如坎穴，即以坎安入中宮，而以先天之乾一，安在後天之坤二，先天之兌二安後天之震三，先天之離三，安後天之巽四，先天之震四，安後天之中五，巽五安後天乾六，坎六安後天兌七，艮七安後天之艮八，坤八安後天之離九，此順局也。逆局即以先天乾一，安後天之離九，兌二安後天之艮八，餘類推，此逆局也。俱用九宮掌，

以坐穴安中五，順局以前一位，安先天乾一，逆局以後一位，安先天乾一。而後天亦有變動，其排列皆逆。如坎一安入中宮，坤二，則安先天震四。震三，安先天離三。巽四，安先天兌二。中五，安先天乾一。乾六，安先天離九（即先天艮七位）。兌七則安坤八，艮八則安艮七，離九安坎六。此後天變動安排，而九星之變動挨排隨之。又須知後天變動安排，以一宮三字分別之。如坎子穴，則以午卯酉乾坤艮巽，而付一二三四五六七八九

以逆安之。壬穴則以甲庚丙辰戌丑未而付一二三四五六七八九，以逆安之。合而言之總一坎離交媾，山水相對，陰陽相乘，山順水逆，土龍土穴，即所謂八卦只有一卦通者此也。天根月窟，眞陰陽、眞夫婦、挨星五行、元空大卦，皆盡於此矣。另有四十八局圖訣。【金偉：此句"另有四十八局圖訣"別有深意，玉函枕秘是原理，而四十八局圖訣是完整的圖譜及用法（四十八局圖譜是傳入室弟子用的，用法須口傳心授才能掌握）】

三大卦挨星捷訣

其法以入首龍字位，定陰陽順逆，四經之左，乾亥壬、艮寅甲、巽巳丙、坤申庚爲陽，四正之左，丑癸子、戌辛酉、未丁午、辰乙卯爲陰。陰逆行，挨用後天九宮掌，從坐山卦位起廉、武、破、弼、祿、文、貪、輔、巨（亦即坐山前後一位，起乾一兌二離三震四巽五坎六艮七坤八，坐山安廉中）九星次第順逆而輪。三卦管三山，以貪巨武爲上吉，弼次吉，輔星半吉半凶，餘皆凶位。陰陽二宅，以峰巒水口、亭臺樓塔，爲外六事，吉凶方位眞訣。

如高州城，艮龍入首，陽龍順挨，坐坎向離，離方筆架嶺，坤塔，觀山魁星樓兌方，文筆巽方，鎭龍樓艮方。用九宮掌，以坐山坎位起廉、武、破、弼、祿、文、貪、輔、巨，順挨坎位安廉起，坤塔武曲，震破軍，巽文筆右弼，中宮安祿，乾方文曲，兌方魁星樓、觀山爲貪狼，艮方輔，離方筆架嶺爲巨門。如陰龍入首，從坎向離逆挨九星，餘仿此。

格龍法　企看分水脊，對正來山腦。【金偉：分水脊下羅盤，查去脈看來方。】

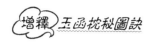

三大卦起天地人秘訣

四 巽 子 酉巽 三 震 癸 辛巳 二 坤 丑 戌丙 一 坎 艮 乾午	五 中 壬 庚辰 南江江 北西東 共一一 一卦卦 卦人天 地元元 元三一 二六四 五九七 八局局	六 乾 乙 申 七 兌 卯 坤 八 艮 甲 未 九 離 寅 亥丁

上卷

各掌訣圖

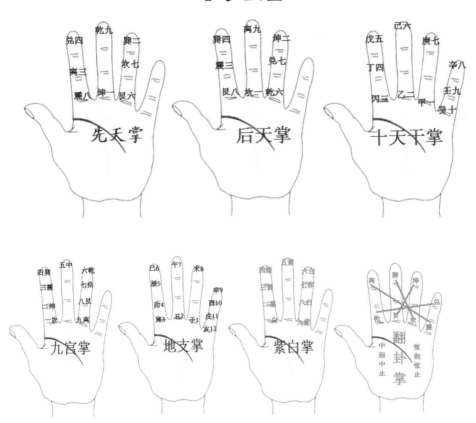

禍×生0 天0 五× 　　　絕×延0 伏0 六×(0 是吉×是凶）

翻卦掌每卦以變上爻為生氣如乾☰變兌☱。

乾變上爻為兌，艮變上爻為坤　　坎變上爻為巽，震變上爻為離

巽變上爻為坎，離變上爻為震　　兌變上爻為乾，坤變上爻為艮

二十四山天心正運圖訣

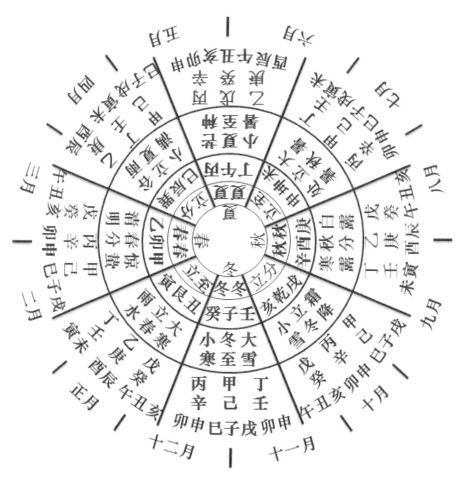

子戌坤巳甲土親　　寅未巽辛壬木神，
丁艮酉辰皆金位　　卯癸乾丙申水論，
乙庚丑午亥屬火　　二十四山陽帝根

天干元辰：甲己土　乙庚金　丙辛水　丁壬木　戊癸火
地支元辰：巳子戌土　辰酉金　申卯水　丑亥午火　未寅木

三元氣運圖

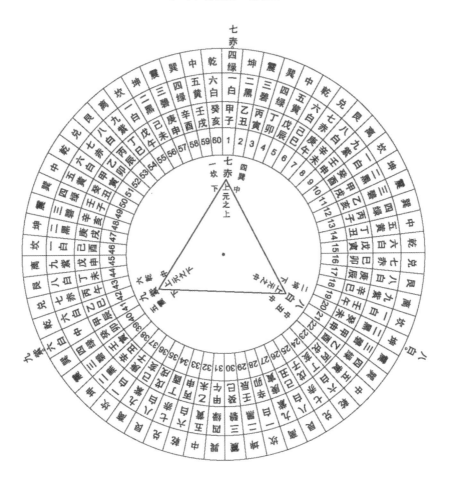

四绿巽	中元之上	五黄中	中元之中	六白乾	中元之下
三碧震	上元之下			七赤兑	下元之上
二黑坤	上元之中			八白艮	下元之中
一白坎	上元之上			九紫离	下元之下

河圖

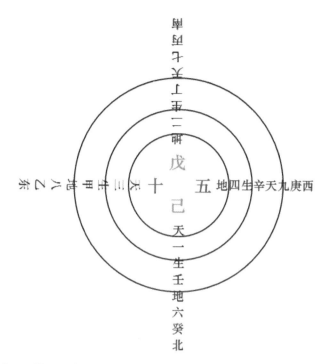

太極生兩儀、陰陽，陰陽生五行，五行成十干，十干以六合，甲己、乙庚、丙辛、丁壬、戊癸相合而化，而五子五星出焉，十干以數分居九宮而九星出焉，此河圖之理也，用法掌訣俱載後圖。

天一生壬水地六癸成之，地二生丁火天七丙成之，天三生甲木地八乙成之，地四生辛金天九庚成之，天五生戊土地十己成之。此河圖所以為十干本源也。土金水木火即是河圖五行。

洛書圖

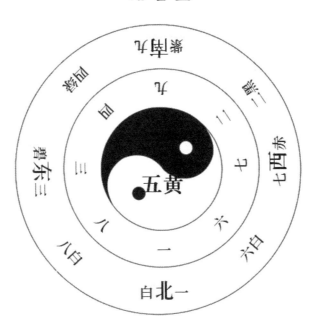

　　此洛書九宮，配九星，即河圖之一六二七三八四九五十之數，一陰一陽生成十干，十干化為九炁。先賢云：河圖洛書相為表裡者此理也。

　　一六共宗其位北，析六而居西北之隅。二七同道其位南，析二而居西南之隅。三八為朋其位東，析八而居東北之隅。四九為友其位西，西易於南，析四而居東南之隅。此所以為戴九履一，左三右七，二四為肩六八為足也。二十四山方位實分於此。河圖辨陰陽之交媾，洛書查甲運之興衰。凡百家理氣，非以河圖洛書為根底者，未許得乎其詮。

先天八卦圖

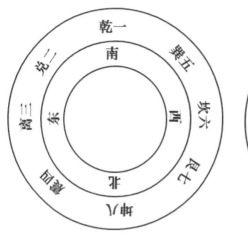

後天八卦方位圖

后天八卦

先天八卦，乃太極生兩儀，兩儀生四象，四象生八卦橫列配偶位序自然，而一二三四五六七八次序不差，皆自然之數也。四九三十六，故曰：三十六宮都是春。用法詳載後圖。

後天八卦，乃先天對待交易而成。先天乾坤交易而互易中爻，則先天乾坤，變為後天之坎離矣。先天之坎離交，以坎之初爻，而易離之上爻，則先天之坎離，變而為後天之震兌矣。先天之震兌交，以兌之六三而入震之初九，以兌之初九而入震之六三，則先天之震兌，而變為後天之巽艮矣。先天之巽艮交，以巽之九二而入艮之初六，以艮六二而入巽之九三，則先天之艮巽而變為後天之乾坤矣。先天交而為後天，以成一歲四序之功用，故曰：先天為體，後天為用。

以上四圖，最為緊要，楊公舍此亦無可措手矣。

三卦東圖即江東一卦

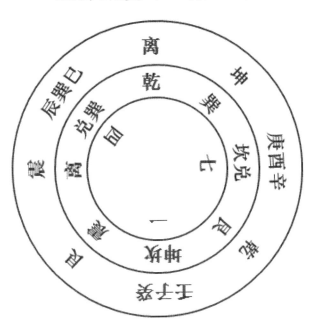

此坎巽兌，三卦合為一大卦，即一四七一大卦也。

三卦西圖即江西一卦

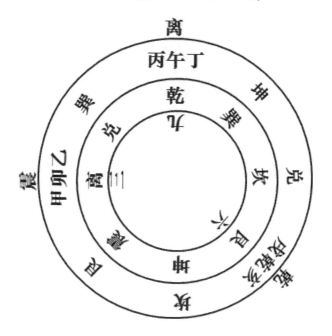

此震乾離，三卦合為一大卦，即三六九一大卦也。

三卦南北八神圖即南北八神共一卦

　　此坤中艮，合為一大卦，即二五八一大卦也。八卦分為三大卦合為一大卦，一卦管三山，中爻為父母，兩旁兩爻為子息，一大卦之父母為兄弟為三吉。一大卦之兩旁，為子孫為六秀。三大卦總以先後天同位為同氣，為一家骨肉，不必別求深意。此局總交八卦，為八卦之中樞。【金偉：見續卷第五、第六圖】

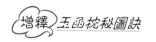
三元同氣天元圖

　　圖中子午卯酉乾坤艮巽宮，乃是父母為天元　，是配龍、配水之合格也。

　　內圖四支為四卦天元局，此三元為同氣也，以各卦中氣父母為天元，左旁子息八爻為地元，右旁子息八卦為人元，乃四十八局之配合。為各卦夫婦，各局之同氣也。

　　一四七天元父母排將出來，則是子午卯酉四陰，配乾坤艮巽四陽。

三元同氣地元圖

　　二五八地元父母排將出來，則是辰戌丑未四陰，配甲庚壬丙四陽。此甲庚丙壬辰戌丑未，為地元之同氣配合也。是配龍、配水之合格也。

三元同氣人元圖

　　上元三吉位水，兌艮離即破輔弼也，謂之零神水。中元三吉位水，巽中乾即文廉武也，謂之零神水。下元三吉位水，坎坤震即貪巨祿也，謂之零神水。

　　如丁山乙水亥穴，謂之龍合向、向合水、水合三吉位是也。三六九人元父母排將出來，則是乙辛丁癸四陰，配寅申巳亥四陽。

坐宮挨星圖

　　此以三元配九星，各元各一九星，乃坐宮之九星也。世俗不
悟挨星之法，漫將坤壬乙節，亂說糊談畫蛇添足，竟將巽乾兩宮
文文武武信以為實，續作歌訣，添為起例，可笑可怪。

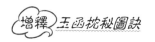

九宮挨星圖

　　此九星，乃在九宮 一宮一星，循序挨排之九星也。

坎山挨星順逆圖

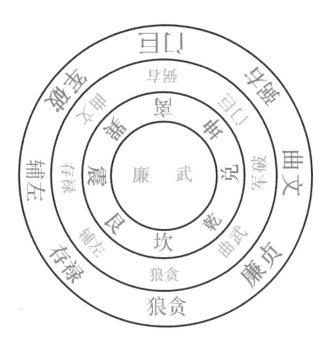

　　大五行作用不脫挨星，其法分天地兩盤。內地盤挨者，乃配龍立穴、配水之法。外天盤挨者，斷吉凶禍福之訣。有從坐穴起貪者，有從水上、龍上起貪者，有從歲運、年月起貪者，起法不一，然各宮皆可起貪，就龍以陰陽分順逆而挨，閱後圖自明。離、艮、兌、乾、中、巽、震、坤、坎以九宮掌，坎山外層以坎起貪逆挨內層順挨。

【金偉：由此圖即可把續卷的壬子癸三山的挨星順逆局完整無誤的推算出來。其他各山同推，此圖源於六甲相逢數。】

坎山卦遁入玄空圖

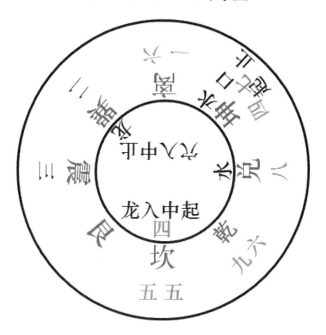

　　一六掌，此坎山巽四龍兌七水口。遁入一卦入玄空之式。

　　坎乾坤圖，起例：以巽四龍入中宮，順數五在坎，六在乾，七在坤（七兌水口）止是遁龍逢水止，又轉用九宮掌訣，以四加坤上逆數，五在坎、六在離、七在艮、八在兌、九在乾，一入中宮止。一即下卦之卦，餘仿此。一六掌詳後，遁龍、遁水、遁穴法同，遁入玄空，方為真正交媾。【金偉：運行河圖數序162738495，坎乾坤圖即數序162】

　　下二圖是總圖，外層是第一圖，內層是下第二圖之起止也。

一六掌入中遁出總圖

內層一二三四五六七八九數，入中以生成河圖數點。

一二三四五六七八九，順。

坎龍五水十一六二七三八四九，一六掌訣河圖。

九八七六五四三二一，逆。

此以龍入中宮，或以水入中宮由坎順數去相逢合卦止，相合卦即龍水也。遁龍逢水止，遁水逢龍止。是圖乃總局，一宮一卦之起止也。如一逢四止、四逢七止、七點至一止、二點至五止、五點至八止、八至二止、三遇六止、六點至九止、九遇三止，是為相逢合卦止。

此圖以龍入中推出順局，龍逢水止矣，以水入中則推出逆局，水逢龍止矣。

九宮遁入玄空總圖

一二三四五六七八九

離艮兌乾中巽震坤坎　順數逆排九宮掌

九八七六五四三二一

法以一六掌，中宮所起之數，看一六掌坤之數止於何宮，即以坤二數加於九宮掌，何宮用順數逆排。排宮之法，數入中宮止，即是遁入中宮，即是遁入玄空也。如止在坤，九宮即加坤挨數去，此一宮一卦，遁入玄空之總圖也。

以後天對面入中，逆點九宮。

九宮五星配九星圖

一二三四五六七八　　坎山順局

乾兌離震巽坎艮坤　　前一位

坤震巽中乾兌艮離坎

坤艮坎巽震離兌乾　　位一後

八七六五四三二一　局逆山坎

掌訣是坎山一局，順逆兩輪定式，餘仿此推。下圖則八卦總局。

此圖用排山掌，以坐山坎位安中五，順挨以穴前一位起乾一，逆挨以穴後離位安乾一。內層二十四山，中層順挨九星，外層逆挨九星乾兌離震巽坎艮坤　順水局用順推　離艮兌乾中巽震坤坎　逆水局用逆推　坤艮坎巽震離兌乾。

坎離交媾圖　（先天五星配九星總圖）

　　以先天乾一兌二離三震四，巽五坎六艮七坤八，加後天排山掌上挨排，順局穴前一位起乾一，逆局穴後一位起乾一，排到龍上是坎，　水上是離，此為坎離交媾，元竅相通，此天卦也。如坎卦，順挨乾一在坤二、兌二在震三、離三在巽四、順點坎六在兌七。若逆挨從九宮掌離位起乾一，點至七兌位是先天離三，巽四位是先天坎六，故離七坎四是也。（金偉：無論順局逆局排來天卦都是離龍坎水，離主炎上居上游，坎主潤下居下游。在本書中另有詳細的順逆局推算原理和方法，雖然沒有明示但有圖有文字，自己用心到一六掌中去尋找。）

玄空與奇門同源圖

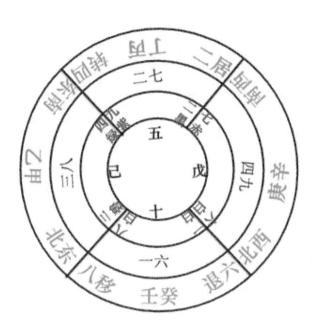

　　此圖內第二層五行五星也,移成數居四隅則成九星也,即五星配九星也,以奇門論三奇六儀,五星九星符使八門何一不具,與大五行作用不能外此,故云同源。

丙丁		庚辛		戊己		甲乙		壬癸
離	艮	兌	乾	中	巽	震	坤	坎
九紫	八白	七赤	六白	五黃	四綠	三碧	二黑	一白

一六	三八	七二	九四
壬癸	甲乙	丙丁	庚辛

河圖十干五子圖

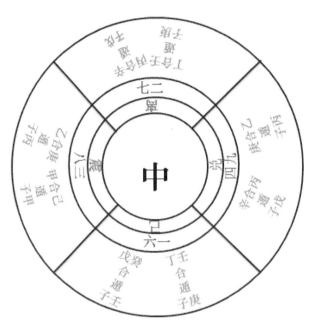

　　此河圖十天干，以合五合遁出甲丙戊庚壬五子，化出干支元辰及五行四柱，而九星亦在其中矣。

　　一屬壬，丁壬合，遁庚子。六屬癸戊與癸合，遁壬子。三屬甲、八屬乙、二屬丙、七屬丁、四屬庚、九屬辛、辛合丙，遁戊子。

二十四山元辰圖

　　此二十四山元辰也，十二支配以干維即兩字夫婦，故天干元辰，總剋地支元辰，如甲卯同宮，卯是水元，甲為土元，干剋支也，各干維皆然。以此類推，干維元辰可定。惟壬癸兩干不同，別有精義。干支皆從丑山而起，至順剋至亥山而止，大起大止交十干五行，此其起例，即在圖之一六二七三八四九五十之氣，化成五星，合象之子午 卯酉為太、少陰陽，遁成四柱名之曰，在星學為四餘，天文之用也，在地學即廉破輔弼應，上稟天時之用也。推例事理吉凶禍福之驗，必本乎十二支夾八干四維之朱雀發源之五行遁化生剋，而成九星，合地天兩盤推之，切勿錯用毫釐可也。

【金偉：書中明言：惟壬癸兩干不同，別有精義。二十四山元辰捷法：從壬山起丁壬木，順時針剋遁二十四山方位，壬山丁壬木、子山甲己土、癸山丙辛水、丑山戊癸火，以此類推。進步為財，退步為煞，對宮相生，天門而止。此化氣五行之元辰也。唯天干與其他斗首不同。】

干維元辰圖

此圖干維元辰，總是甲己、乙庚、丙辛、丁壬、戊癸從河圖之中，十干交合生出，故五行四柱，亦即從此翻化。

【金偉：用通俗易懂的方式記憶干維元辰，乾為天，又是天門，化氣丙辛水，逆行八干四維方位，丙丁戊己庚辛壬癸甲乙丙丁，此圖唯壬癸二干不同，別有精義。甲己土元，乙庚金元，丙辛水元，丁壬木元，戊癸火元，迴圈相生。此天干元辰與其他斗首元辰不同】

五子遁出地支元辰圖

　　此十二地支元辰也，只要甲子乙丑丙寅丁卯戊辰己巳　庚午辛未壬申癸酉一旬內，以兩干五合遁去，遂翻出十二支元辰來

附中縫兩針進退圖

　　此圖盤以正針為主地盤，天人兩盤二十四字一比正針退半字，一比正針進半位，進半位者，陽從左邊轉，退半位者，陰從右路通，此正大五行作用，八卦進退相交之真消息，用五行四柱挨排者，其誰知之，因論五行四柱並拈出。然四柱之作用，先分清三大卦，江東卦一四七，為天元順子一局，用天盤佈置挨遁四柱，進半字以論五行，至三六九為江西卦，退半字用中針佈置遁排四柱，以論五行，正針正受南北八神總訣三大卦，為天地人元之全用。

八干四柱五行圖

　　此圖八干四柱五行也，法以本干元辰相遞尅而成四柱，再以四柱翻化，即見元辰，故干維元辰，藏於四柱。

　　（原書注）：五行者，四正與中宮也，四柱者，四維也。

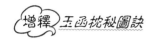
四維四柱五行圖

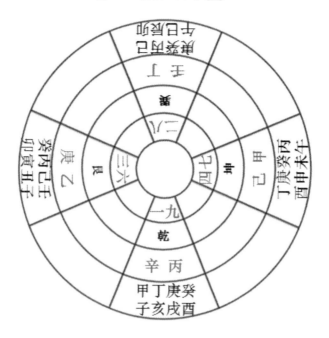

　　此圖四維四柱五行也，法以本維元辰遞遁相剋而成，而四柱
亦即內藏本維元辰。

十二支順進四柱五行圖

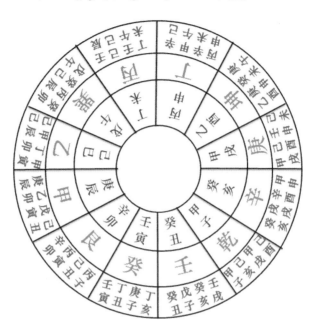

　　此圖是順進局，若進交，以此五行四柱挨排廿四山，與下圖一樣用法，一樣作用，但分來龍是進是退耳。進交則用此圖之四柱，退交用下圖之四柱。若挨排用何星，看屬何星，則以此挨之。蓋四柱之星，本六十龍之星以為用也。（洪潤注）

　　此圖十二地支四柱五行也，乃是河圖之十干，遁五子翻化出來，與干維四柱皆龍水進退相交用之。中層十二干維乃四柱五行所夾在中之干維。下丁山三六九局，四柱所挨見此內層花甲，是與外層四柱之末第四柱全。外層四柱花甲，夾住中層八干四維在四柱之中。

【金偉：內層的甲子、癸丑、壬寅、辛卯、庚辰、己巳、庚午、丁未、丙申、乙酉、甲戌、癸亥極為重要，後面的許多圖訣都會用到此，其實是干枝同氣也，由前河圖遁化元辰：巳子戌土辰酉金，申卯水丑亥午火未寅木。如子化氣五行是甲己土，配甲子，丑化氣五行是戊癸火，配癸丑，以此類推。內層的甲子為子山，癸丑是丑山，見圖，乾龍子山，壬龍丑山，癸龍寅山等等是進交。外層不同化氣的用五鼠遁】

十二支逆退四柱五行圖

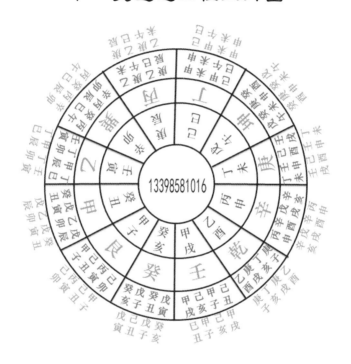

上圖十二支四柱，乃順進局，此十二支四柱，乃逆退局。經云：五行山下問來由，入首便知蹤是也。此圖是逆退局，若退交，以此五行四柱，挨排廿四山，看五星與九星如何配合，合則可用，不合則不可用，五星是金木水火土五星，九星是貪巨祿文九星。所云：五星配九星從此訣也。（洪潤注）

【金偉：如圖，癸龍亥山，亥的天干化氣五行是戊癸，用癸亥。壬龍戌山，戌的天干化氣五行是甲己土，用甲戌。乾龍酉山等是退交。外層不同元氣的是用五鼠遁】

六十龍圖

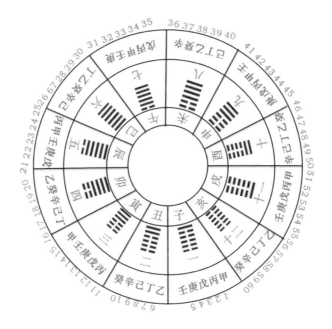

坎真水也，水中有金，金元陽也，火之根也，旺而上升故為火。而乾位南，旺而下凝則為土，而坤居北。壬鎮本位，乃水質而水元，癸值陽生，即金元而水質，乾六即癸六也，故為金質而從癸。乾金乃坎水也，故從水元而比壬。是故，精氣聚坎一宮者，皆精氣也。全備子丑五行，九星、五星，變化莫測，夫複何，疑昧元辰者，自當考究斯義。

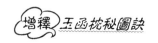

六十龍挨星圖

以一六掌挨排六十花甲，所值各星，各歸原位， 此一六掌，須看下戴洪潤之一六掌。觀下圖便明。（洪潤注）

此圖內層地盤十二支，配中層十天干為六十龍，外層九星配六十龍，一龍一星挨去，九星原是十天干所化，故一龍挨一星，皆屬自然，非同勉強，細觀後圖各歸本位可見。

	貪	巨	祿	文	廉	武	破	輔	弼	貪
貪	1	2	3	4	5	6	7	8	9	10
巨	11	12	13	14	15	16	17	18	19	20
祿	21	22	23	24	25	26	27	28	29	30
文	31	32	33	34	35	36	37	38	39	40
廉	41	42	43	44	45	46	47	48	49	50
武	51	52	53	54	55	56	57	58	59	60

【金偉：圖中甲丙戊庚壬五子，乙丁己辛癸五丑，丙戊庚壬甲五寅，丁己辛癸乙五卯，五辰，五巳，五午，五未，五申，五酉，五戌，五亥以十天干配十二地支共計六十甲子，在絕大多數羅經上均有記載，外層九星配六十龍，一龍一星挨去，九星原是十天干所化，以貪巨祿文廉武破輔弼九星數序逐一挨去，周而復始配六十甲子，皆屬自然，非同勉強，將九星所屬六甲列表如下：六十花甲按照162738495的順序，各宮逢亥加子，此圖也是行權司令的元旦盤。

貪一	巨二	祿三	文四	廉五	武六	破七	輔八	弼九
甲子	丙子	戊子	庚子	壬子	乙丑	丁丑	己丑	辛丑
癸丑	丙寅	戊寅	庚寅	壬寅	甲寅	丁卯	己卯	辛卯
癸卯	乙卯	戊辰	庚辰	壬辰	甲辰	丙辰	己巳	辛巳
癸巳	乙巳	丁巳	庚午	壬午	甲午	丙午	戊午	辛未
癸未	乙未	丁未	己未	壬申	甲申	丙申	戊申	庚申
癸酉	乙酉	丁酉	己酉	辛酉	甲戌	丙戌	戊戌	庚戌
壬戌	乙亥	丁亥	己亥	辛亥	癸亥			

此圖與下面用一六掌訣推算出來的六十龍挨星歸本位圖全同】

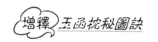
六十龍挨星總歸本位圖

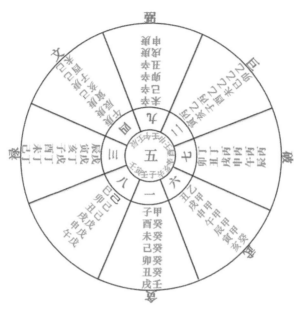

　　此六十花甲以一六掌挨排九星各歸原位。（洪潤注）

　　此六十龍所挨之九星還宮也，看此圖挨得，貪歸貪位，巨歸
巨位，祿存文曲各回三四，廉五，武六皆歸其本家，破兌、輔
艮、弼離，盡還原位，六十花甲各具一星，夫豈偶然哉。用河圖
一六掌訣此圖同下：太歲加貴人推科神驗圖，用河圖生成一六法
起挨之。各宮逢亥加子。

十宮掌花甲第一圖

　　此下五圖乃以六十花甲順佈九宮，而五亥五子之五星，俱輪在貪巨祿文廉五宮原位，六十龍所挨九星分佈滿盤，此亦五星配九星之大概也。至第二圖現出五行四柱之外兩柱，雖分排各宮，實不配而配不合而合，諸般作用，皆基於此，宜細玩之。

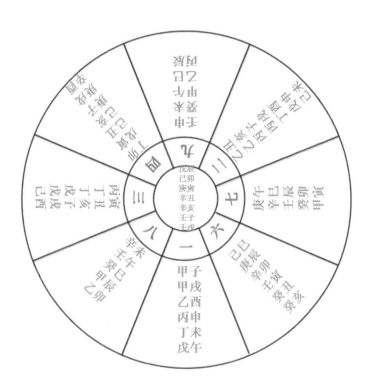

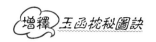
四	五	六
丁戊己己庚庚辛 卯寅丑亥子戌酉	戊己庚辛辛壬壬 辰卯寅丑亥子戌	己庚辛壬癸癸 巳辰卯寅丑亥
三 丙丁丁戊戊己庚 寅丑亥子戌酉申		七 庚辛壬癸甲 午己辰卯寅
二 乙乙丙丙丁戊己 丑亥子戌酉申未		八 辛壬癸甲乙 未午巳辰卯
一 甲甲乙丙丁戊 子戌酉申未午	十 癸甲乙丙丁 酉申未午己	九 壬癸甲乙丙 申未午己辰

十宮掌花甲第二圖

			夾天干四柱之外兩柱分排各宮	
乙巳 四 乙卯 丙寅 丁丑 丁(癸)亥 戊子 戊(壬)戌 乙酉	甲午 九 庚(丁)申 辛未 壬午 癸巳 甲辰	壬申 癸未 二 癸丑 癸亥 甲(乾)子 甲戌 巳酉 丙申 丁未	辛丑六夾 （甲） 庚寅六夾 乙 戊辰六加 丙 己巳七夾 丁 乙未一夾 庚 甲申一夾 辛 戊戌四夾 壬 壬寅七加 癸 壬子中夾 艮 丙午一夾 坤 癸酉一夾 乾 己卯六夾 巽	壬辰八夾 （甲） 辛巳八夾 乙 己未八夾 丙 庚申九夾 丁 丙戌三夾 庚 乙亥三夾 辛 己丑中夾 壬 丁亥四夾 癸 癸卯八夾 艮 丁酉三夾 坤 甲子二夾 乾 庚午八夾 巽
三 甲寅 乙丑 乙(辛)亥 丙子 丙(庚)戌 丁(坤)酉	丙辰 丁卯 戊寅 己(壬)丑 壬(艮)子 己亥 庚子 庚戌	七 戊午 己(丁)巳 庚辰 辛卯 壬(癸)寅		
八 己(丙)未 庚(巽)午 辛(乙)巳 壬(甲)辰 癸(艮)卯	一 壬戌 癸(乾)酉 甲(辛)申 乙(庚)未 丙(坤)午	六 丁(丁)巳 戊(丙)辰 己(巽)卯 庚(乙)寅 辛(甲)丑 辛亥		

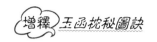

四 乙丙丁丁戊戊己 卯寅丑亥子戌酉	五 丙丁戊己己庚庚 辰卯寅丑亥子戌	六 丁戊己庚辛辛 己辰卯寅丑亥	中起壬子， 從二而出， 順布十宮， 逢亥加子。
三 甲乙乙丙丙丁戊 寅丑亥子戌酉申	壬 艮 子	七 戊己庚辛壬 午己辰卯寅	
二 癸癸甲甲乙丙丁 丑亥子戌酉申未		八 己庚辛壬癸 未午己辰卯	
一 壬壬癸甲乙丙 子戌酉申未午	十 辛壬癸甲乙 酉申未午己	九 庚辛壬癸甲 申未午己辰	

十宮掌花甲第三圖

			兩柱遁出元辰，與中間元辰相合，辛丑遁出辛卯丙申，與丙乾壬元辰相合，庚寅柱遁出庚辰乙酉，與癸丁元辰相合，戊辰遁出癸丑戊午癸亥與乙庚元辰相合，己巳柱遁出甲子甲戌，與坤申元辰相合，乙未同庚寅柱，甲申同己巳柱戊戌同戊辰柱夾丙同，壬寅柱遁出丁未壬寅與巽辛元相合，壬子同壬寅柱相合，丙午遁出辛卯丙申與乾丙壬同氣，癸酉遁出辛卯丙申與乾丙壬同氣，癸酉遁出癸亥，戊午癸丑與乙庚元辰相合。 此圖原抄本系壬子入中由三而出茲又一本系庚子入中由二而出。
癸巳 四 癸卯 甲寅 乙丑 乙亥 丙子 丙戌 丁酉	壬午 九 戊申 己未 庚午 辛巳 壬辰	庚申 辛未 二 辛丑 辛亥 壬子 壬戌 癸酉 甲申 乙未	
三 壬寅 癸丑 癸亥 甲子 甲辰 乙酉 ★★		七 丙午 丁巳 戊辰 己卯 庚寅	
八 丁未 戊午 己巳 庚辰 辛卯	一 庚戌 辛酉 壬申 癸未 甲午	六 乙巳 丙辰 丁卯 戊寅 己丑 己亥	

十宮掌花甲第三詳圖

四 癸甲乙乙丙丙丁 卯寅丑亥子戌酉	五 甲乙丙丁丁戊戊 辰卯寅丑亥子戌	六 乙丙丁戊己己 巳辰卯寅丑亥
三 壬癸癸甲甲乙丙 寅丑亥子戌酉申	庚 子	七 丙丁戊己庚 午巳辰卯寅
二 辛辛子壬癸甲乙 丑亥子戌酉申未		八 丁戊己庚辛 未午巳辰卯
一 庚庚辛壬癸甲 子戌酉申未午	十 己庚辛壬癸 酉申未午巳	九 戊己庚辛壬 申未午巳辰

辛丑柱遁出丙申辛卯，與乾丙壬元辰相合，庚寅柱遁出庚辰乙酉與癸丁元辰相合，戊辰柱遁出癸丑戊午與乙庚元辰相合，丁巳柱遁出壬寅丁未與巽辛元辰相合，乙未柱同庚寅柱，甲申柱遁出甲子己巳與坤甲元辰合，戊戌柱與戊辰柱同，丁亥柱與丁巳柱同，壬子柱亦同，丁巳丙午柱，辛丑柱癸酉柱同。戊辰柱己卯柱同甲申柱同氣，甲戌亦與甲坤元辰合，至那庚午柱，遁出庚辰乙酉，與癸丁元辰合，餘可類推。此與上注大同小異，故兩者皆抄出以俟考證。

十宮掌花甲第四圖

辛巳 **四** 辛卯 壬寅 癸丑 癸亥 甲子 甲戌 乙酉	庚午 **九** 丙申 丁未 戊午 己巳 庚辰	戊申 己未 **二** 己丑 己亥 庚子 庚戌 辛酉 壬申 癸未
三 庚寅 辛丑 辛亥 壬子 壬戌 癸酉 甲寅	戊辰 癸卯 甲寅 **戊** **子** 乙丑 乙亥 丙子 丙戌	丁酉 **七** 甲午 乙巳 丙辰 丁卯 戊寅
八 乙未 丙午 丁巳 戊辰 己卯	**一** 戊戌 己酉 庚申 辛未 壬午	**六** 癸巳 甲辰 乙卯 丙寅 丁丑 丁亥

　　己卯柱，遁出甲子、己巳同甲戌，與甲坤元辰合，庚午柱遁出庚辰乙酉與癸丁元辰同。一本抄此在第三圖下移前三位扭轉相逢。艮山四柱之外，兩柱丙子辛卯，辛卯排在對面酉上，丙子排回本宮，戊午亦排回酉上，此非扭轉相逢乎，辛卯移前三位，作巽山也，丙子逆排移前三位，穴作乾山。細心體玩自明。

十宮掌花甲第四詳圖

四	五	六
辛壬癸癸甲甲乙 卯寅丑亥子戌酉	壬癸甲乙乙丙丙 辰卯寅丑亥子戌	癸甲乙丙丁丁 巳辰卯寅丑亥
三 庚辛辛壬壬癸甲 寅丑亥子戌酉申		七 甲乙丙丁戊 午巳辰卯寅
二 己己庚庚辛壬癸 丑亥子戌酉申未		八 乙丙丁戊己 未午巳辰卯
一 戊戊己庚辛壬 子戌酉申未午	十 丁戊己庚辛 酉申未午巳	九 丙丁戊己庚 申未午巳辰

十宮掌花甲第五圖

乙巳 **四** 己卯 庚寅 辛丑 辛亥 壬子 壬戌 癸酉	戊午 **九** 甲申 乙未 丙午 丁巳 戊辰	丙申　丁未 **二** 丁丑 丁亥 戊子 戊戌 己酉 庚申 辛未
三 戊寅 己丑 己亥 庚子 庚戌 **	庚辰 辛卯 壬寅 **丙** **子** 癸丑 癸亥 甲子 甲戌	乙酉 **七** 壬午 癸巳 甲辰 乙卯 丙寅
八 癸未 甲午 乙巳 丙辰 丁卯	**一** 丙戊 丁酉 戊申 己未 庚午	**六** 辛巳 壬辰 癸卯 甲寅 乙丑 乙亥

此五圖，閱者多所未解，然實則顯淺易明，所云諸法根底俱從此起，乃言四柱五行之妙用也，學者宜究心於五行四柱，辨別順、逆兩挨，則庶幾矣，切勿拘泥於五圖。尚有三宮起一陽之圖，與此五圖不異，乃扭轉起法無甚大用，故不更贅。

此圖丙子入中。

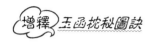

十宮掌花甲第五詳圖

四 己庚辛辛壬壬癸 卯寅丑亥子戌酉	五 庚辛壬癸癸甲甲 辰卯寅丑亥子戌	六 辛壬癸甲乙乙 巳辰卯寅丑亥
三 戊己己庚庚辛壬 寅丑亥子戌酉申		七 壬癸甲乙丙 午巳辰卯寅
二 丁丁戊戊己庚辛 丑亥子戌酉申未		八 癸甲乙丙丁 未午巳辰卯
一 丙丙丁戊己庚 子戌酉申未午	十 乙丙丁戊己 酉申未午巳	九 甲乙丙丁戊 申未午巳辰

震離進退相交第一圖

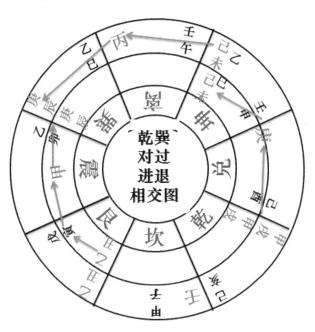

　　震交巽，則對兌交乾，中層：辰配庚為水口，甲是零神。戌配甲為水口，庚為零神。以甲為主，配戌為水口，辰為零神。以庚為主則配辰為水口，戌為零神。離交巽則對坎交乾，外層以戌為主，丙為水口，壬為零神。以辰為主，水口配壬，而丙為零神。以壬為主水口配辰，戌為零神。以丙為主，水口配戌，而辰為零神。

　　二十四山分順逆，共成四十有八局，五行即在此中分，祖宗卻從陰陽出，陽從左邊團團轉，陰從右路轉相通。內癸亥四柱甲戌四柱挨者，乾巽對過進退相交圖此是正交圖　即是四六對過圖訣也，此是正交圖。

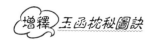
震離進退相交第二圖

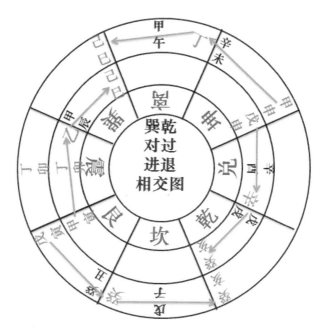

中層震交巽，對面便兌交乾。以巳為龍穴，水口配辛，零神是乙。以亥為龍穴，水口配乙，零神是辛，乙為龍穴，水口是亥，零神是巳，辛為龍穴，水口是巳，零神是亥。外層離交巽，對面便是坎交乾，以巳為龍穴，水口是癸，零神是丁。以亥為龍穴，水口是丁，零神 是癸。以丁為龍穴，水口是亥，零神是巳。以癸為龍穴，水口是巳，零神在亥。巽乾對過相交圖二即四六之二。

進退相交第三圖

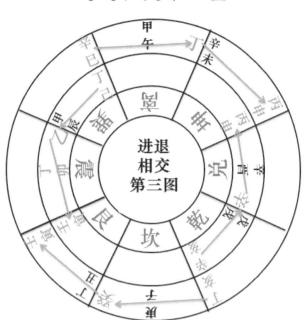

　　此圖：卯交艮，則對兌交坤，是丁巳壬寅夾寅，對面便是辛
亥丙申夾辛，以寅為主，水口是申，而零神是乙，以寅為主，水
口仍是申，而癸亦算為零神。以申為主，水口是寅，而零神辛。
以申為主，水口仍是寅，而丁亦算為零神。而乙辛無無配，必合
坎交艮丁四柱　寅夾癸，對面離交坤之四柱，便是辛巳丙申夾
丁，然後以乙為主，水口配丁而零神癸。以辛為主，水口配癸零
神是丁。總要乙辛丁癸之水，皆入到中宮會合，再向寅申水口出
去，方為合格。坎交艮過卯對酉辛交坤過兌對卯乙。合下圖與此
圖乃是艮丙辛兩局，坤壬乙兩局。

　　坎震交艮圖一，此即二八對過之圖訣也，此是相對紐圖。

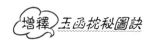

進退相交第四圖

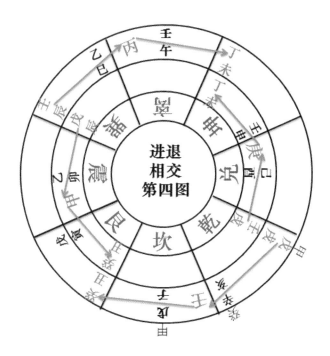

坎震交艮圖二，即二八對過之二，此是相對紐圖。

此圖：中層震交艮，則對兌交坤，這邊是辰丑夾甲，那邊是戌未夾庚，甲庚無配必合。外層坎交艮，戌丑夾壬對面是午交坤，辰未夾丙，對坎交艮。然後以甲為主，則水口配丙，而壬為零神。以庚為主，則水口配壬而零神丙。以丑為主，水口未零神甲。（以丑為主，水口仍是未，而壬亦算為零。）以未為主，水口丑、零神庚（以未為主，水口仍是丑，而丙亦算為零神），又不必言矣。總要甲丙庚壬之水，入到中宮會了，再向丑未出去，方為合格。兌交坤過午，對坎壬。卯交艮過子，對午丙。合上圖見得南北八神共一卦。

進退相交第五圖

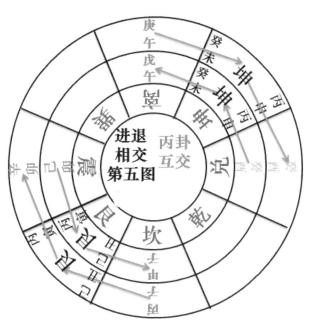

　　此圖：中層坎交艮午交坤，坤艮有配而子午無配必合。午交坤，而午配震為水口，兌為零神。合坎交艮，而坎配兌，為水口，震為零神。

　　外層：震交艮，配離以坎為零神。兌交坤配坎，以離為零神。此中就坤艮而論，必合左右兩卦互交，方配出震位，便見：八卦共一卦，就坎離震兌論，亦見得坤艮為中樞矣。艮坤中氣相交圖，此是相對紐圖。

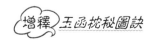

進退互交第六圖

此圖與下圖細閱皆相同未知系重複否。

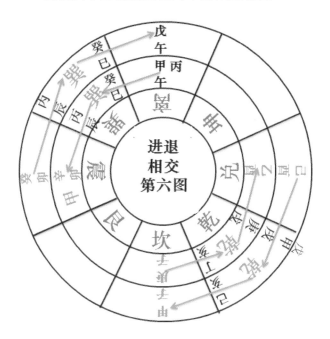

　　中層震交巽則兌交乾，震配乾為水口，巽為零神。兌配巽為水口，乾為零神。外層離交巽則坎交乾，離配乾為水口，零神是巽。子配巽為水口，零神是乾。此是一卦單管一卦之用也。巽乾中氣相交圖。

進退相交第七圖

此圖連下二圖，乃是各卦中氣爻。

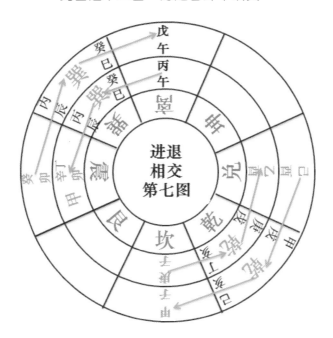

龍水相配，乙酉庚子與巽相配，丙午辛卯與乾相配。此是正
交。

進退相交第八圖

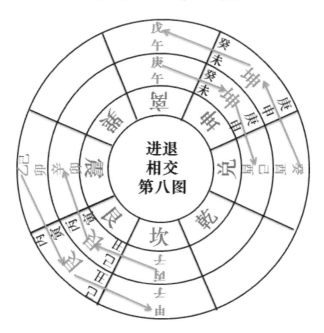

　　此圖艮坤相配，子午無配，必合卯交艮，而離配震為水口，兌為零神，合兌交坤。而坎配兌為水口，卯為零神。震交艮配離，以坎為零神。兌交坤配坎，以離為零神，亦從坎離震兌配法，見後圖。

進退相交第九圖

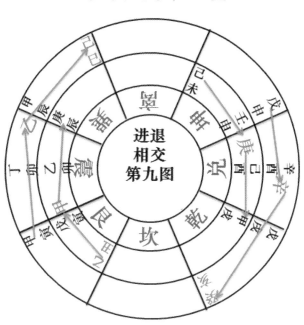

乾坤互交圖

　　此圖坤乾互交，巽艮互交，一邊是戌亥夾庚、辛以交酉，配辰巽巳為雌雄一邊是辰巳夾甲、乙以交卯，配戌乾亥為雌雄是也。九星雙起雌雄異也。

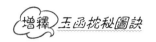
進退相交第十圖

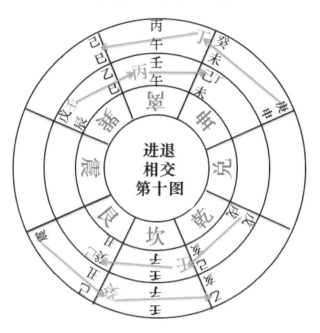

巽坤互交圖

　　此圖巽坤互交，即成戊辰己未夾丙，己巳庚申夾丁，下乾艮互交，即成戊戌己丑夾壬，乙亥丙寅夾癸。此以相剋而成四柱。

進退相交第十一圖

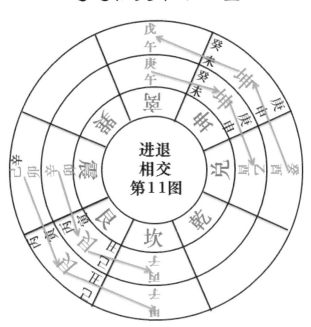

午卯互交圖

　　此圖午酉互交，庚午乙酉夾坤，子卯互交，丙子辛卯夾艮，
總是雌雄相對之妙。

進退相交第十二圖

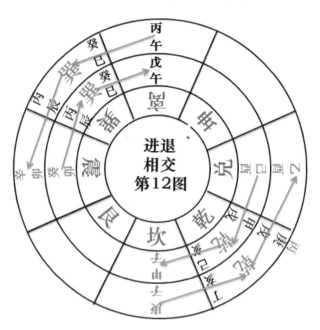

午酉互交圖

此圖午卯相交，戊午癸卯夾巽，子酉相交，乙酉庚子夾乾。

震局立成局圖

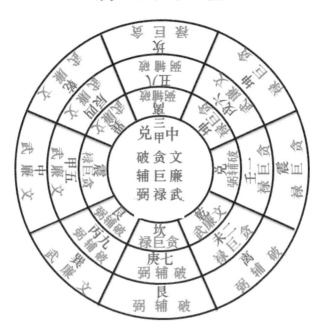

先師云：合得圖書扦一局，生民造福在掌中。此正合圖書先後天，配龍水立穴挨排者。即前圖諸法，總用於此，此為四十八局之一耳。試得用一卦之法，則造福真在掌中矣。此為三六九局。有云城門在巽者非。此三六九局，九穴三龍六水配法甲寅丁卯乙甲辰己巳，對面戊申辛酉辛戌戌癸亥，此寅巳夾乙，水口是亥。故配丁收氣若己巳來龍，必然是辛水口，則又須癸山矣。己巳第四柱歷丙過午到丁即移前三位也。此處在下重抄。

離卦立成局圖

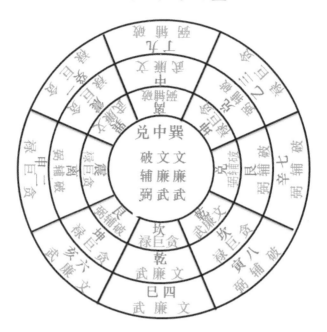

　　此圖：三六九局，穴九龍三水六，配法：甲寅丁卯乙甲辰己巳，對面戊申辛酉辛戊戊癸亥，此寅巳夾乙，水口是亥，故配丁收氣，若己巳龍來，必然是辛水口，則又須立癸山矣。己巳第四柱歷丙過午到丁，即移前三位也。

　　配此二局，以為四十八局之例。總算四十數，加天五數，地十數，合成五十有五數，此亦為合得圖書。

朱雀發源圖一

【金偉：圖一圖二均是龍水合十，城門訣總綱，決然大地也】

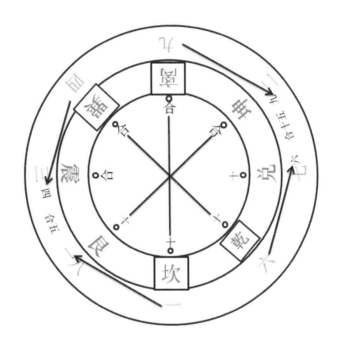

　　此圖乃龍水生旺之訣也，比朱雀發源圖更明白淺易。蓋龍於此起，則水於此發源。水於此注，則龍於此止（如水注於乾，龍止於巽也）。龍水成局則水旺龍亦旺，乘此生旺正可用於此一卦也。此圖：總算四十數，加天五數，地十數，合成五十有五數，亦為合得圖書法也。內層：坎離合十，巽乾合十。外層九六合十五四一合五，總算得四十數，加天數五地數十，合成五十有五數，即取河圖天數二十五，地數三十，合河圖五十有五之義也。此圖作用，不外龍合十合五數也。（洪潤注）

朱雀發源生旺第二圖

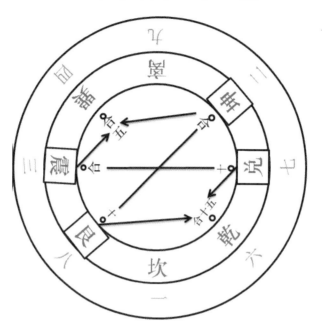

　　此圖中合算，共有四十數，加天數五地數十，合成五十有五數，亦即合圖書法也。當權用事，得此一卦，則為契合天心造化矣。

　　以上二圖，來龍去水出口，坐穴向首，若合此圖數，決然大地。書曰：龍要合向、向合水之謂也。此圖：坤、艮合十，兌、震合十，坤與震合五，兌與艮合十五，明其數以成十五之數，其作用與前圖同。

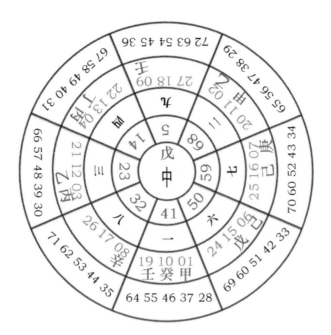

離	艮	兌	乾	中	巽	震	坤	坎
9	8	7	6	5	4	3	2	1
18	17	16	15	14	13	12	11	10
27	26	25	24	23	22	21	20	19
36	35	34	33	32	31	30	29	28
45	44	43	42	41	40	39	38	37
54	53	52	51	50	49	48	47	46
63	62	61	60	59	58	57	56	55
72	71	70	69	68	67	66	65	64

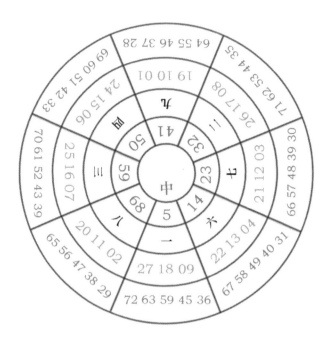

坎	坤	震	巽	中	乾	兌	艮	離
9	8	7	6	5	4	3	2	1
18	17	16	15	14	13	12	11	10
27	26	25	24	23	22	21	20	19
36	35	34	33	32	31	30	29	28
45	44	43	42	41	40	39	38	37
54	53	52	51	50	49	48	47	46
63	62	61	60	59	58	57	56	55
72	71	70	69	68	67	66	65	64

冬至坎卦相逢圖

【金偉注：後面我將所有的相逢數用一張表格概括完整】

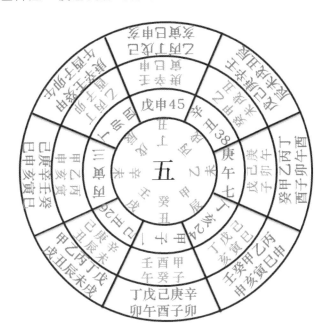

　　此冬至相逢圖，以其數，除九看零，以定九星。即以其數，定斷年月日時，萬無一失。起法：奇順門順，坎一巽四，震三者此也。此即天盤挨星斷禍福之訣也。此甲子起是一數，至庚午是七數，　己丑廿六數，戊申四十五數。

壬申	辛未	庚午	己巳	戊辰	丁卯	丙寅	乙丑	甲子
十八	十七	十六	十五	十四	十三	十二	十一	十
離	艮	兌	乾	中	巽	震	坤	坎
九	八	七	六	五	四	三	二	一

冬至坎卦相逢詳圖

丁乙癸辛己丁乙 卯亥未卯亥未卯 **四**文4 丁丙乙甲癸壬辛庚 卯子酉午卯子酉午	戊丙甲壬庚戊丙甲 辰子申辰子申辰子 **九**弼45 壬辛庚己戊丁丙乙 申巳寅亥申巳寅亥	己丁乙癸辛己丁乙 巳丑酉巳丑酉巳丑 **二**巨38 乙甲癸壬辛庚己戊 丑戌未辰丑戌未辰
丙甲壬庚戊丙甲壬 寅戌午寅戌午寅戌 **三**禄大3 丙乙甲癸壬辛庚己 寅亥申巳寅亥申巳	**五**	庚戊丙甲壬庚戊丙 午寅戌午寅戌午寅 **七**破7 庚己戊丁丙乙甲癸 午卯子酉午卯子酉
乙癸辛己丁乙癸辛 丑酉巳丑酉巳丑酉 **八**輔26 辛庚己戊丁丙乙甲 未辰丑戌未辰丑戌	甲壬庚戊丙甲壬庚 子申辰子申辰子申 **一**貪大1 甲癸壬辛庚己戊丁 子酉午卯子酉午卯	辛己丁乙癸辛己癸 未卯亥未卯亥未卯 **六**武24 己戊丁丙乙甲癸壬 巳寅亥申巳寅亥申

若龍是進交結穴，則順排六十花甲，若龍是退交結穴，則逆排六十花甲。俱在結穴本宮，起九宮掌，八門掌俱同。如兩掌同此干支，是為相逢。但一卦管三山，如坎卦三山，俱在一白起也。所云：天盤挨星，以斷禍福即此也。 洪潤注。凡順挨相逢，謂之陽相逢。

冬至坤卦相逢圖

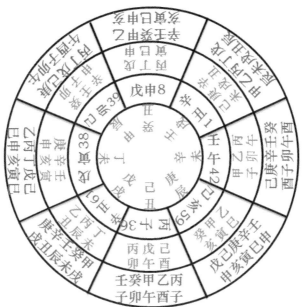

　　此坤卦各宮相逢圖，以用事之年所作山頭之星，看是何星本在何宮，即以本年太歲加入此星之宮，亦用兩掌，排相逢數以斷吉凶，此又是一法，尚要以相逢年之太歲上起貪，挨到山向並相逢宮上，又乙太歲挨到之星加挨月建。

己酉	戊申	丁未	丙午	乙巳	甲辰	癸卯	壬寅	辛丑	
一	九	八	七	六	五	四	三	二	
坎	離	艮	兌	乾	中	巽	震	坤	順行

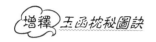

冬至坤卦相逢詳圖

丁乙癸辛己丁乙癸 未卯亥未卯亥未卯 **四禄**39 癸壬辛庚己戊丁丙 卯子酉午卯子酉午	戊丙甲壬庚戊丙甲 申辰子申辰子申辰 **九輔**8 戊丁丙乙甲癸壬辛 申巳寅亥申巳寅亥	辛己丁乙癸辛己丁 丑酉巳丑酉巳丑酉 **二貪**1 辛庚己戊丁丙乙甲 丑戌未辰丑戌未辰
丙甲壬庚戊丙甲壬 午寅戌午寅戌午寅 **三巨**38 壬辛庚己戊丁丙乙 寅亥申巳寅亥申巳	**五** 甲癸壬辛庚己戊丁 辰丑戌未辰丑戌未	壬庚戊丙甲壬庚戊 寅戌午寅戌午寅戌 **七武**42 丙乙甲癸壬辛庚己 午卯子酉午卯子酉
乙癸辛己丁乙癸辛 己丑酉巳丑酉巳丑 **八破**61 丁丙乙甲癸壬辛庚 未辰丑戌未辰丑戌	甲壬庚戊丙甲壬庚 辰子申辰子申辰子 **一弼**36 己戊丁丙乙甲癸壬 酉午卯子酉午卯子	癸辛己癸乙癸辛己 卯亥未卯亥未卯亥 **六廉**59 乙甲癸壬辛庚己戊 巳寅亥申巳寅亥申

冬至震卦相逢圖

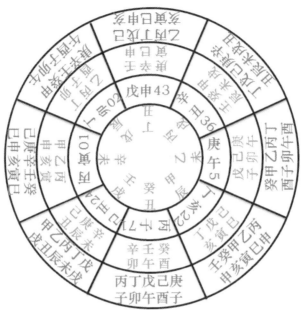

　　此震卦相逢圖，即以奇門兩掌順挨至相逢之數，即是入用元
機。甲子歸除，丙子即丙寅之乘數也。諸卦乘除亦依此例。此震
卦相逢圖，甲卯乙三山即用此圖。看此相逢幾數，便知幾年數，
幾月、幾日應驗，各圖皆然，各山不同。

甲戌	癸酉	壬申	辛未	庚午	己巳	戊庚	丁卯	丙寅
二	一	九	八	七	六	五	四	三
坤	坎	離	艮	兌	乾	中	巽	震
9	8	7	6	5	4	3	2	1

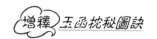

冬至巽卦相逢圖

　　此巽卦相逢圖，非只以巽卦一宮而論，此如坎至巽，由巽至兌經四位而起父母也。貪狼本是吉星，用非其宜，則吉變為凶。破軍本是凶星，用得其宜，則凶化為吉。若複值相逢之太歲，其應更如霹靂。

　　此巽卦三山相逢圖也，先看挨星到龍上，是多少數，次看挨星到水上是多少數，並看各宮有水見者，合卦與不合卦，斷其吉凶。

冬至巽卦相逢詳圖

丁乙癸辛己丁乙癸 卯亥未卯亥未卯亥 **四貪1** 丁丙乙甲癸壬辛庚 卯子酉午卯子酉午	戊丙甲壬庚戊丙甲 辰子申辰子申辰子 **九武42** 壬辛庚己戊丁丙乙 申巳寅亥申巳寅亥	己丁乙癸辛己丁乙 巳丑酉巳丑酉巳丑 **二輔35** 甲癸壬辛庚己戊丁 戌未辰丑戌未辰丑
甲壬庚戊丙甲壬丙 戌午寅戌午寅戌午 **三 72** 乙甲癸壬辛庚己戊 亥申巳寅亥申巳寅	**五** 戊丁丙乙甲癸壬辛 辰丑戌未辰丑戌未	庚戊丙甲壬庚戊丙 午寅戌午寅戌午寅 **七文4** 庚己戊丁丙乙甲癸 午卯子酉午卯子酉
癸辛己丁乙癸辛己 酉巳丑酉巳丑酉巳 **八廉23** 辛庚己戊丁丙乙甲 未辰丑戌未辰丑戌	壬庚戊丙甲壬庚戊丙 申辰子申辰子申辰子 **一破70** 癸壬辛庚己戊丁丙 酉午卯子酉午卯子	辛己丁乙癸辛己丁 未卯亥未卯亥未卯 **六祿21** 己戊丁丙乙甲癸壬 巳寅亥申巳寅亥申

三	二	一	九	八	七	六	五	四
乙亥	甲戌	癸酉	壬申	辛未	庚午	己巳	戊辰	丁卯
震	坤	坎	離	艮	兌	乾	中	巽
九	八	七	六	五	四	三	二	一

冬至乾卦相逢圖

　　此乾卦相逢圖，若有三吉六秀水到堂，相逢之星，又值貪武文生旺，則應其年必主科甲，生貴子之喜。輔弼亦主功名赫奕，巨門主發財祿。其餘諸星，只要與主星相生，皆主發財福。以上六十龍，乾宮丁亥起一數，從九宮掌順去，至五十二在震，弼宮是戊寅。

九	八	七	六	五	四	三	二	一
乙未	甲午	癸巳	壬辰	辛卯	庚寅	己丑	戊子	丁亥
中	巽	震	坤	坎	離	艮	兌	乾
五	四	三	二	一	九	八	七	六

冬至乾卦相逢詳圖

辛己丁乙癸辛己丁 卯亥未卯亥未卯亥 **四**輔53 甲癸壬辛庚己戊丁 午卯子酉午卯子酉	壬庚戊丙甲壬庚戊 辰子申辰子申辰子 **九**文22 庚己戊丁丙乙甲癸 寅亥申巳寅亥申巳	癸辛己丁乙癸辛巳 巳丑酉巳丑酉巳丑 **二**武15 壬辛庚己戊丁丙乙 辰丑戌未辰丑戌未
庚戊丙甲壬庚戊丙 戌午寅戌午寅戌午 **三**破52 癸壬辛庚己戊丁丙 巳寅亥申巳寅亥申	**五** 乙甲癸壬辛庚己 未辰丑戌未辰丑	甲壬庚戊丙甲壬庚 午寅戌午寅戌午寅 **七**巨56 戊丁丙乙甲癸壬辛 子酉午卯子酉午卯
己丁乙癸辛己丁乙 丑酉巳丑酉巳丑酉 **八**禄3 己戊丁丙乙甲癸壬 丑戌未辰丑戌未辰	戊丙甲壬庚戊丙甲 子申辰子申辰子申 **一**廉50 辛庚己戊丁丙乙甲 卯子酉午卯子酉午	丁乙癸辛己丁乙癸 亥未卯亥未卯亥未 **六**貪1 丁丙乙甲癸壬辛庚 亥申巳寅亥申巳寅

冬至兌卦相逢圖

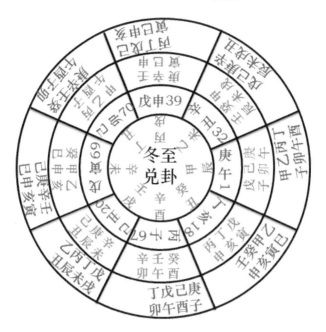

　　此兌卦相逢圖，對面卯宮有水朝來，則相逢到卯宮之年 必主大發，後面乾龍到頭，則相逢到乾宮之歲，斷定獲福。水口出在巽上，又看巽上是何年相逢，亦主興旺。

九	八	七	六	五	四	三	二	一
戊寅	丁丑	丙子	乙亥	甲戌	癸酉	壬申	辛未	庚午
乾	中	巽	震	坤	坎	離	艮	兌
六	五	四	三	二	一	九	八	七

冬至兌卦相逢詳圖

乙癸辛己丁乙癸辛 亥未卯亥未卯亥未 **四**破30 丙乙甲癸壬辛庚己 午卯子酉午卯子酉	壬庚戊丙甲壬庚戊 辰子申辰子申辰子 **九**文22 庚己戊丁丙乙甲癸 寅亥申巳寅亥申巳	癸辛己丁乙癸辛巳 巳丑酉巳丑酉巳丑 **二**武15 壬辛庚己戊丁丙乙 辰丑戌未辰丑戌未
甲壬庚戊丙甲壬庚 戌午寅戌午寅戌午 **三**武69 乙甲癸壬辛庚己戊 亥申巳寅亥申巳寅	**五** 丁丙乙甲癸壬辛庚 丑戌未辰丑戌未辰	庚戊丙甲壬庚戊丙 午寅戌午申戌午寅 **七**貪1 庚己戊丁丙乙甲癸 午卯子酉午卯子酉
癸辛己丁乙癸辛己 酉巳丑酉巳丑酉巳 **八**巨20 辛庚己戊丁丙乙甲 未辰丑戌未辰丑戌	壬庚戊丙甲壬庚戊丙 申辰子申辰子申辰子 **一**文63 癸壬辛庚己戊丁丙 酉午卯子酉午卯子	辛己丁乙癸辛己丁 未卯亥未卯亥未卯 **六**弼18 戊丁丙乙甲癸壬辛 寅亥申巳寅亥申巳

冬至艮卦相逢圖

　　此艮卦相逢圖之數也，丑艮寅三山，龍水多從坤宮來去，須以本山起數，數至龍水上，兩掌相逢數是多少，即以此數論年月以為斷。予辛酉年，為禾場堂王体乾葬父，系艮山坤向催丁，予許十三個月見效，後果然。以艮宮己丑，數到坤宮辛丑，得十三數，應在十三個月也。

冬至艮卦相逢詳圖

辛己丁乙癸辛己丁 卯亥未卯亥未卯亥 **四**武30 甲癸壬辛庚己戊丁 午卯子酉午卯子酉	壬庚戊丙甲壬庚戊 辰子申辰子申辰子 **九**巨20 庚己戊丁丙乙甲癸 寅亥申巳寅亥申巳	癸辛己丁乙癸辛己 巳丑酉巳丑酉巳丑 **二**文13 壬辛庚己戊丁丙乙 辰丑戌未辰丑戌未
庚戊丙甲壬庚戊丙 寅戌午寅戌午寅戌 **三**廉50 癸壬辛庚己戊丁丙 巳寅亥申巳寅亥申	**五** 乙辰癸壬辛庚己戊 未甲丑戌未辰丑戌	甲壬庚戊丙甲壬庚 午寅戌午寅戌午寅 **七**弼54 丁丙乙甲癸壬辛庚 酉午卯子酉午卯子
己丁乙癸辛己丁乙 丑酉巳丑酉巳丑酉 **八**貪1 己戊丁丙乙甲癸壬 丑戌未辰丑戌未辰	丙甲壬庚戊丙甲壬 申辰子申辰子申辰 **一**祿48 辛庚己戊丁丙乙甲 卯子酉午卯子酉午	乙癸辛己丁乙癸辛 未卯亥未卯亥未卯 **六**輔71 丙乙甲癸壬辛庚己 申巳寅亥申巳寅亥

九	八	七	六	五	四	三	二	一
					十三	十二	十一	十
丁酉	丙申	乙未	甲午	癸巳	壬辰	辛卯	庚寅	己丑
					辛丑	庚子	己亥	戊戌
兌	乾	中	巽	震	坤	坎	離	艮
七	六	五	四	三	二	一	九	八

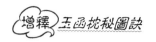
冬至離卦相逢圖

　　此冬至離卦逢圖也，以同氣論，要震乾兩宮相逢斷驗，然他卦動氣相逢，吉凶亦無不驗。

　　以上各圖，俱順排花甲。

九	八	七	六	五	四	三	二	一
己酉	庚戌	辛亥	壬子	癸丑	甲寅	乙卯	丙辰	丁己
坎	坤	震	巽	中	乾	兌	艮	離
一	二	三	四	五	六	七	八	九

冬至離卦相逢詳圖

乙癸辛己丁乙癸辛 卯亥未卯亥未卯亥 **四廉**32 壬辛庚己戊丁丙乙 子酉午卯子酉午卯	戊丙甲壬庚戊丙 申辰子申辰子申 **九貪**1 戊丁丙乙甲癸壬 申巳寅亥申巳寅	己丁乙癸辛己丁乙癸 酉巳丑酉巳丑酉巳丑 **二祿**66 庚己戊丁丙乙甲癸 戌未辰丑戌未辰丑
甲壬庚戊丙甲壬庚 寅戌午寅戌午寅戌 **三文**31 辛庚己戊丁丙乙甲 亥申巳寅亥申巳寅	**五** 癸壬辛庚己戊丁 丑戌未辰丑戌未	庚戊丙甲壬庚戊 戌午寅戌午寅戌 **七輔**35 乙甲癸壬辛庚己 卯子酉午卯子酉
癸辛己丁乙癸辛己 丑酉巳丑酉己丑酉 **八弼**54 丙乙甲癸壬辛庚己 辰丑戌未辰丑戌未	壬庚戊丙甲壬庚 子申辰子申辰子 **一巨**29 己戊丁丙乙甲癸 酉午卯子酉午卯	辛己丁乙癸辛己 亥未卯亥未卯亥 **六輔**71 甲癸壬辛庚己戊 寅亥申巳寅亥申

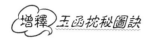

夏至離卦相逢圖

　　此夏至奇逆門順，起兩掌總圖離兌三離乾四者此也。用法俱批在前八圖之上，後八圖可以類推。但用事初年，又當以本山主星斷禍福。假如辰戌年作子山，從太歲辰上起貪狼，挨到子山是破軍，屬金星生水也，主威權大吉。七月用事，從子起破軍，順挨二十四山，到申月是廉貞，在月上屬火，為子山之財，主有威權，而兼發財也。

夏至離卦相逢詳圖

辛己丁乙癸辛己 未卯亥未卯亥未 **四**武24 己戊丁丙乙甲壬 巳寅亥申巳寅亥	甲壬庚戊丙甲壬 子申辰子申辰子 **九**貪1 甲癸壬辛庚己戊 子酉午卯子酉午	乙癸辛己丁乙癸 丑酉巳丑酉巳丑 **二**輔22 辛庚己戊丁丙乙 未辰丑戌未辰丑
庚戊丙甲壬庚戊 午寅戌午寅戌午 **三**破3 庚己戊丁丙乙甲 午卯子酉午卯子	**五** 戊丁丙乙甲癸壬 辰丑戌未辰丑戌	丙甲壬庚戊丙甲 寅戌午寅戌午寅 **七**禄3 丙乙甲癸壬辛庚 寅亥申巳寅亥申
己丁乙癸辛己丁 巳丑酉巳丑酉巳 **八**巨38 乙甲癸壬辛庚己 丑戌未辰丑戌未	戊丙甲壬庚戊丙 辰子申辰子申辰 **一**弼45 壬辛庚己戊丁丙 申巳寅亥申巳寅	丁乙癸辛己丁乙 卯亥未卯亥未卯 **六**文4 丁丙乙甲癸壬辛 卯子酉午卯子酉

一	二	三	四	五	六	七	八	九
甲子	乙丑	丙寅	丁卯	戊辰	己巳	庚午	辛未	壬申
離	艮	兌	乾	中	巽	震	坤	坎
九	八	七	六	五	四	三	二	一

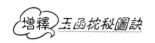

夏至艮卦相逢圖

　　以艮卦九宮逆挨，八卦順挨之相逢也。五日為候，三候為氣，六氣為時，四時為歲。青囊經云：推五運定六氣，謹歲時者，無非以配合生旺為重。

辛丑	壬寅	癸卯	甲辰	乙巳	丙午	丁未	戊申	己酉
艮	兌	乾	中	巽	震	坤	坎	離
八	七	六	五	四	三	二	一	九

夏至艮卦相逢詳圖

癸辛己丁乙癸辛 卯亥未卯亥未卯 **四**廉49 乙甲癸壬辛庚己 巳寅亥申巳寅亥	甲壬庚戊丙甲壬 辰子申辰子申辰 **九**弼36 己戊丁丙乙甲癸 酉午卯子酉午卯	乙癸辛己丁乙癸辛 巳丑酉巳丑酉巳丑 **二**破61 丁丙乙甲癸壬辛 未辰丑戌未辰丑
壬庚戊丙甲壬庚 寅戌午寅戌午寅 **三**武42 丙乙甲癸壬辛庚 午卯子酉午卯子	**五** 甲癸壬辛庚己戊 辰丑戌未辰丑戌	丙甲壬庚戊丙甲 午寅戌午寅戌午 **七**巨38 壬辛庚己戊丁丙 寅亥申巳寅亥申
辛己丁乙癸辛己 丑酉巳丑酉巳丑 **八**貪1 辛庚己戊丁丙乙 丑戌未辰丑戌未	戊丙甲壬庚戊丙 申辰子申辰子申 **一**輔8 戊丁丙乙甲癸壬 申巳寅亥申巳寅	丁乙癸辛己丁乙 未卯亥未卯亥未 **六**祿39 癸壬辛庚己戊丁 卯子酉午卯子酉

夏至兌卦相逢圖

天玉經云：天卦江東掌上尋，知了值千金，地畫八卦誰能
會，山與水相對。天卦指血脈，地卦指金龍，此合先後天八卦而
言也。學者切勿滑口讀過。此圖兌卦夏至相逢也。法以龍從坎乾
來，故屬夏至，後仿此。

一	二	三	四	五	六	七	八	九
丙寅	丁卯	戊寅	己巳	庚午	辛未	壬申	癸酉	甲戌
兌	乾	中	巽	震	坤	坎	離	艮
七	六	五	四	三	二	一	九	八

夏至兌卦相逢詳圖

辛己丁乙癸辛己丁 未卯亥未卯亥未卯 四文22 己戊丁丙乙甲癸壬 巳寅亥申巳寅亥申	壬庚戊丙甲壬庚戊丙 申辰子申辰子申辰子 九輔30 癸壬辛庚己戊丁丙 酉午卯子酉午卯子	乙癸辛己丁乙癸己 酉巳丑酉巳丑酉巳 二武24 辛庚己戊丁丙乙甲 未辰丑戌未辰丑戌
庚戊丙甲壬庚戊丙 午寅戌午寅戌午寅 三廉5 庚己戊丁丙乙甲癸 午卯子酉午卯子酉	五 戊丁丙乙甲癸壬辛 辰丑戌未辰丑戌未	丙甲壬庚戊丙甲壬 寅戌午寅戌午寅戌 七貪1 丙乙甲癸壬辛庚己 寅亥申巳寅亥申巳
己丁乙癸辛己丁乙 巳丑酉己丑酉巳丑 八弼36 甲癸壬辛庚己戊丁 戌未辰丑戌未辰丑	戊丙甲壬庚戊丙 辰子申辰子申辰 一破43 壬辛庚己戊丁丙 申巳寅亥申巳寅	丁乙癸辛己丁乙 卯亥未卯亥未卯 六巨2 丁丙乙甲癸壬辛庚 卯子酉午卯子酉午

夏至乾卦相逢圖

都天寶照以子午卯酉為天元，辰戌丑未為地元，寅申巳亥為人元，又有謂之一四七為天元父母，二五八為地元父母，三六九為人元父母，此指排六甲而言也，知古經文須活看。

一	二	三	四	五	六	七	八	九
丁卯	戊辰	己巳	庚午	辛未	壬申	癸酉	甲戌	乙亥
乾	中	巽	震	坤	坎	離	艮	兌
六	五	四	三	二	一	九	八	七

夏至乾卦相逢詳圖

辛己丁乙癸辛己丁 未卯亥未卯亥未卯 **四**禄21 己戊丁丙乙甲癸壬 巳寅亥申巳寅亥申	壬庚戊丙甲壬庚戊 申辰子申辰子申辰子 **九**破70 癸壬辛庚己戊丁丙 酉午卯子酉午卯子	癸辛己丁乙癸辛己 酉巳丑酉巳丑酉巳 **二**廉23 辛庚己戊丁丙乙甲 未辰丑戌未辰丑戌
庚戊丙甲壬庚戊丙 午寅戌午寅戌午寅 **三**文4 庚己戊丁丙乙甲癸 午卯子酉午卯子酉	**五** 戊丁丙乙甲癸壬辛 辰丑戌未辰丑戌未	甲壬庚戊丙甲壬庚 戌午寅戌午寅戌午寅 **七**弼72 乙甲癸壬辛庚己戊 亥申巳寅亥申巳寅
己丁乙癸辛己丁乙 巳丑酉己丑酉巳丑 **八**輔35 甲癸壬辛庚己戊丁 戌未辰丑戌未辰丑	戊丙甲壬庚戊丙 辰子申辰子申辰 **一**武42 壬辛庚己戊丁丙乙 申巳寅亥申巳寅亥	丁乙癸辛己丁乙癸 卯亥未卯亥未卯亥 **六**貪1 丁丙乙甲癸壬辛庚 卯子酉午卯子酉午

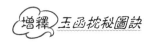
夏至巽卦相逢圖

　　都天五吉云者，以上元取輔而成五吉，中元圖中無方位，不言五吉，下元取貪而成五吉，此玄空大卦之作用，其義一經指出，確鑿不磨，非若俗例：山山起破軍，而成五吉言也。

一	二	三	四	五	六	七	八	九
丙申	乙未	甲午	癸巳	壬辰	辛卯	庚寅	己丑	戊子
巽	中	乾	兌	艮	離	坎	坤	震

夏至巽卦相逢詳圖

丁乙癸辛己丁乙癸 亥未卯亥未卯亥未 **四貪**1 丁丙乙甲癸壬辛庚 亥申巳寅亥申巳寅	戊丙甲壬庚戊丙甲 子申辰子申辰子申 **九廉**50 辛庚己戊丁丙乙甲 卯子酉午卯子酉午	己丁乙癸辛己丁乙 丑酉巳丑酉巳丑酉 **二祿**3 己戊丁丙乙甲癸壬 丑戌未辰丑戌未辰
甲壬庚戊丙甲壬庚 午寅戌午寅戌午寅 **三巨**56 戊丁丙乙甲癸壬辛 子酉午卯子酉午卯	**五** 乙甲癸壬辛庚己戊 未辰丑戌未辰丑戌	庚戊丙甲壬庚戊丙 寅戌午寅戌午寅戌 **七破**52 癸壬辛庚己戊丁丙 巳寅亥申巳寅亥申
癸辛己丁乙癸辛己 巳丑酉巳丑酉巳丑 **八武**15 壬辛庚己戊丁丙乙 辰丑戌未辰丑戌未	壬庚戊丙甲壬庚戊 辰子申辰子申辰子 **一文**22 庚己戊丁丙乙甲癸 寅亥申巳寅亥申巳	辛己丁乙癸辛己丁 卯亥未卯亥未卯亥 **六輔**53 甲癸壬辛庚己戊丁 午卯子酉午卯子酉

137

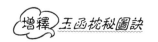

夏至震卦相逢圖

　　子癸午丁天元宮，卯乙酉辛一路同。若有山水一起到，半穴乾坤艮巽宮。取得輔星成五吉，山中有此是真龍。

一	二	三	四	五	六	七	八	九
己巳	戊寅	丁丑	丙子	乙亥	甲戌	癸酉	壬申	辛未
震	巽	中	乾	兌	艮	離	坎	申
三	四	五	六	七	八	九	一	二

夏至震卦相逢詳圖

辛己丁乙癸辛己丁 未卯亥未卯亥未卯 **四**弼18 戊丁丙乙甲癸壬辛 寅亥申巳寅亥申巳	壬庚戊丙甲壬庚戊丙 申辰子申辰子申辰子 **九**文67 癸壬辛庚己戊丁丙 酉午卯子酉午卯子	癸辛己丁乙癸辛己 酉巳丑酉巳丑酉巳 **二**巨20 辛庚己戊丁丙乙甲 未辰丑戌未辰丑戌
庚戊丙甲壬庚戊丙 午寅戌午寅戌午寅 **三**貪1 庚己戊丁丙乙甲癸 午卯子酉午卯子酉	**五** 丁丙乙甲癸壬辛庚 丑戌未辰丑戌未辰	甲壬庚戊丙甲壬庚 戌午寅戌午寅戌午寅 **七**武69 乙甲癸壬辛庚己戊 亥申巳寅亥申巳寅
丁乙癸辛己丁乙癸 丑酉巳丑酉巳丑酉 **八**廉32 甲癸壬辛庚己戊丁 戌未辰丑戌未辰丑	丙甲壬庚戊丙甲壬 子申辰子申辰子申 **一**禄39 壬辛庚己戊丁丙乙 申巳寅亥申巳寅亥	乙癸辛己丁乙癸辛己 亥未卯亥未卯亥未卯 **六**破70 丙乙甲癸壬辛庚己 子酉午卯子酉午卯

夏至坤卦相逢圖

此坤卦夏至相逢圖也

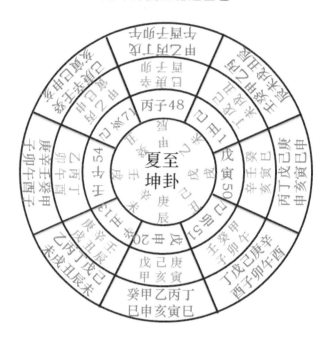

己丑	丁酉	丙申	乙未	甲午	癸巳	壬辰	辛卯	庚寅
坤	震	巽	中	乾	兌	艮	離	坎
二	三	四	五	六	七	八	九	一

夏至坤卦相逢詳圖

乙癸辛己丁乙癸辛 未卯亥未卯亥未卯 四輔31 丙乙甲癸壬辛庚己 申巳寅亥申巳寅亥	丙甲壬庚戊丙甲壬 申辰子申辰子申辰 九祿48 辛庚己戊丁丙乙甲 卯子酉午卯子酉午	己丁乙癸辛己丁乙 丑酉巳丑酉巳丑酉 二貪1 己戊丁丙乙甲癸壬 丑戌未辰丑戌未辰
甲壬庚戊丙甲壬庚 午寅戌午寅戌午寅 三弼54 丁丙乙甲癸壬辛庚 酉午卯子酉午卯子	五 乙甲癸壬辛庚己戊 未辰丑戌未辰丑戌	庚戊丙甲壬庚戊丙 寅戌午寅戌午寅戌 七廉50 癸壬辛庚己戊丁丙 巳寅亥申巳寅亥申
癸辛己丁乙癸辛己 巳丑酉巳丑酉巳丑 八文13 壬辛庚己戊丁丙乙 辰丑戌未辰丑戌未	壬庚戊丙甲壬庚戊 辰子申辰子申辰子 一巨20 庚己戊丁丙乙甲癸 寅亥申巳寅亥申巳	辛己丁乙癸辛己丁 卯亥未卯亥未卯亥 六武51 甲癸壬辛庚己戊丁 午卯子酉午卯子酉

夏至坎卦相逢圖

此坎卦夏至相逢圖也

青囊經注云排六甲，以六甲之紀年審運也。用三周花甲以分三大運，以花甲一周分三小運，極為准驗。此相逢圖則干支到處，星亦在焉，以星則有吉凶禍福，以干支則年月日時更靈應。（洪潤注）

戊申	丙辰	乙卯	甲寅	癸丑	壬子	辛亥	庚戌	己酉
坎	坤	震	巽	中	乾	兌	艮	離
一	二	三	四	五	六	七	八	九

夏至坎卦相逢詳圖

辛己丁乙癸辛己丁 亥未卯亥未卯亥未 **四破52** 甲癸壬辛庚己戊丁 寅亥申巳寅亥申巳	壬庚戊丙甲壬庚戊 子申辰子申辰子申 **九巨29** 己戊丁丙乙甲癸壬 酉午卯子酉午卯子	癸辛己丁乙癸辛己 丑酉巳丑酉巳丑酉 **二弼54** 丙乙甲癸壬辛庚己 辰丑戌未辰丑戌未
庚戊丙甲壬庚戊丙 戌午寅戌午寅戌午 **三輔35** 乙甲癸壬辛庚己戊 卯子酉午卯子酉午	**五** 癸壬辛庚己戊丁丙 丑戌未辰丑戌未辰	甲壬庚戊丙甲壬庚 寅戌午寅戌午寅戌 **七文31** 辛庚己戊丁丙乙甲 亥申巳寅亥申巳寅
己丁乙癸辛己丁乙癸 酉巳丑酉巳丑酉巳丑 **八祿66** 庚己戊丁丙乙甲癸 戌未辰丑戌未辰丑	戊丙甲壬庚戊丙甲 申辰子申辰子申辰 **一貪1** 戊丁丙乙甲癸壬辛 申巳寅亥申巳寅亥	乙癸辛己丁乙癸辛 卯亥未卯亥未卯亥 **六廉32** 壬辛庚己戊丁丙乙 子酉午卯子酉午卯

　　陽生於子，生則從順，陰消於午，消則從逆，氣運循天亦自然之理也。洪潤注.凡逆挨相逢，謂之陰相逢。

　　先用九宮掌，以用事年之位，陽順陰逆起九星，貪巨祿文廉武破輔弼者，何星山方位，即看龍來主星是何星，即從主星位上，起本年太歲干支，點六十花甲，陽年順點九宮，逆點八宮，陰年逆點九宮，順點八宮，看兩掌花甲同宮相逢，其吉凶事情即應在此年矣。

　　如辛酉年屬陰，逆挨九宮，順挨八宮，以九宮掌辛酉年支上兌位起貪狼，挨至艮坐山是弼星，屬離卦，即從離宮起太歲辛酉，艮位壬戌，兌位癸亥，逆點六十花甲，又以辛酉年干支加離，順點八宮，以尋兩掌花甲同歸此宮，即為兩掌相逢之年，其

吉凶則應在此年矣。

　　如丙辰年，造葬乾山，從辰年支巽上，順起貪狼，挨到乾山是祿存，主星祿屬震宮，即從震宮起丙辰，順挨九宮，丁巳丙寅到巽，丙子至中，丁丑到乾，相逢數也。丁丑年吉又用八宮逆挨，亦從震上起丙辰，艮上丁巳，點至乾宮丁丑兩掌相逢，丁丑年在乾，其吉凶應在丁丑年。

　　下二圖：如丙辰年作乾山，即從太歲辰上起丙辰，順挨挨九宮，逆挨八宮，到乾山兩掌相逢丙子更主科捷，此又在太歲上挨相逢也，又是一法　。

巽	中	乾
丙乙甲癸壬 寅亥申巳寅 相 逢	乙甲癸壬辛庚 己 丑戌未辰丑戌 未	甲癸壬辛庚 子酉午卯子 相己戊 逢酉午

震		兌
午丙乙甲癸壬 卯子酉午卯子 相 逢		癸壬辛庚己 亥申巳寅亥 相癸戊丁 逢巳申巳

坤	艮
戊丁丙乙甲癸壬 辰丑戌未辰丑戌 相 逢	壬辛庚己戊 戌未辰丑戌 丁丙　　相 未辰　　逢

坎	離
己戊丁丙乙 巳寅亥申巳 相 逢	辛庚己戊丙乙丁 酉午卯子午卯酉 相逢　太歲　弼

巽 戊丙甲壬庚 辰子申辰子 相 逢	**離** 辛己丁乙癸 酉巳丑酉巳 相 逢 太歲 弼	**坤** 壬庚戊丙甲 戌午寅戌午 相 逢
震 丁乙癸辛己 卯亥未卯亥 相 逢		**兌** 癸辛己丁乙 亥未卯亥未 相 逢
艮 丙甲壬庚戊 寅戌午寅戌 相 逢	**坎** 乙癸辛己乙 丑酉巳丑巳 相 逢	**乾** 甲壬庚戊甲 子申辰子申 相 逢

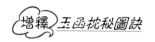

戊辰年作子山庚午年應驗圖一

子寅辰午申戌年順布花甲。

中心：戊辰年作子山相逢图

　　此圖：假如戊辰年作子山，則庚午年乙太歲午上起貪，挨得巨門到子，與作山用事初年，挨得破軍金相生，主吉。再從子上起巨門，用十二宮掌，順挨，至八月酉上仍是巨門，亦謂之同天符。更吉主其科場得利，發必兩個，以巨門二數也。又主中得低，以坤放榜尾也。此乃不值相逢之年，亦可乙太歲起星推算。

戊辰	己巳	庚午	辛未	壬申	癸酉	甲戌	乙亥	丙子
坎	巽	兌	震	乾	離	坤	中	艮
一	四	七	三	六	九	二	五	八

戊辰年作子山庚午年應驗詳圖

癸辛己丁乙癸辛巳丁 酉己丑酉巳丑酉巳丑 **四**30 甲癸壬辛庚己戊丁 戌未辰丑戌未辰丑	甲壬庚戊丙甲壬庚 戌午寅戌午寅戌午 **九**39 庚己戊丁丙乙甲癸 午卯子酉午卯子酉	乙癸辛己丁乙癸辛 亥未卯亥未卯亥未 **二**32 壬辛庚己戊丁丙乙 申巳寅亥申巳寅亥
壬庚戊丙甲壬庚戊 申辰子申辰子申辰 **三**69 癸壬辛庚己戊丁丙 酉午卯子酉午卯子	**五** 乙甲癸壬辛庚己戊 亥申巳寅亥申巳寅	戊丙甲壬庚戊丙甲 辰子申辰子申辰子 **七**1 戊丁丙乙甲癸壬辛 辰丑戌未辰丑戌未
辛己丁乙癸辛己丁 未卯亥未卯亥未卯 **八**20 己戊丁丙乙甲癸壬 巳寅亥申巳寅亥申	庚戊丙甲壬庚戊丙甲 午寅戌午寅戌午寅戌 **一**67 辛庚己戊丁丙乙甲 未辰丑戌未辰丑戌	己丁乙癸辛己丁乙 巳丑酉巳丑酉巳丑 **六**18 丙乙甲癸壬辛庚己 子酉午卯子酉午卯

戊辰年挨到子山圖

（戊辰太歲也，此第二圖）

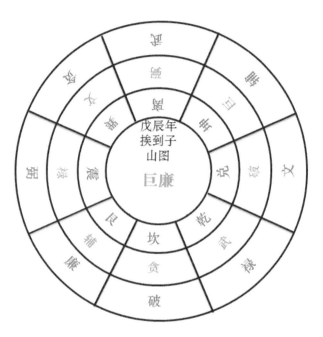

　　此圖：假如太歲戊辰年，作子山從太歲起貪，挨到子山是破軍。破軍原是兌宮，即以戊辰起加兌起，輪到六十九年，相逢在震，坐宮祿，此年是丙子太歲，又以貪加太歲子上，挨到八月兌上亦是貪，謂之同天符吉。此值相逢之年，又從太歲上起星斷驗。

排六甲圖

庚庚庚己庚己己 午辰寅亥子酉未 **四** 丁丁丁戊丁戊戊 巳未酉子亥寅辰	辛辛辛辛庚庚 未己卯丑戌申 **九** 丙丙丙丙丁丁 辰午申戌丑卯	丙乙丙乙乙乙乙 寅亥子酉未己卯 **二** 辛壬辛壬壬壬壬 酉子亥寅辰午申
戊戊丁戊丁丁丁 辰寅亥子酉未巳 **三** 己己庚己庚庚庚 未酉子亥寅辰午	壬壬壬壬辛壬辛 申午辰寅亥子酉 **五** 乙乙乙乙丙乙丙 卯巳未酉子亥寅	丁丁丙丙丙丙 卯丑戌申午辰 **七** 庚庚辛辛辛辛 申戌丑卯巳未
己己己戊戊戊 巳卯丑戌申午 **八** 戊戊戊己己己 午申戌丑卯巳	甲癸癸癸癸壬 子酉未巳卯丑戌 **一** 癸甲甲甲甲乙 亥寅辰午申戌丑	乙甲甲甲甲癸 丑戌申午辰寅亥 **六** 壬癸癸癸癸甲 戌丑卯巳未酉子

　　此圖排六甲，用以紀年審運。上層甲子，以一六二七三八四九歸於中五而止，每宮逢亥加子，下層甲子以六一中五九四八三七二而止，亦每宮逢亥加子，可知其例。此圖應在相逢圖之上，因後加入故抄於此。

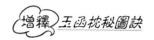
丙辰年作乾山應驗圖一

此圖順挨，上二圖亦順。

　　此圖丙辰年作乾山，從巽上起貪狼，挨到乾是祿存，主星在震宮起丙辰，巽丙寅，中丙子，乾丁丑相逢數也。主丁丑年好。

丙辰	丁巳	戊午	己未	庚申	辛酉	壬戌	癸亥	甲子
震	巽	中	乾	兌	艮	離	坎	坤
三	四	五	六	七	八	九	一	二

丁乙癸辛己丁乙癸 巳丑酉巳丑酉巳丑 **四**貪2 丁丙乙甲癸壬辛庚 巳寅亥申巳寅亥申	戊丙甲壬庚戊丙甲 午寅戌午寅戌午寅 **九**武43 壬辛庚己戊丁丙乙 戌未辰丑戌未辰丑	己丁乙癸辛己丁乙 未卯亥未卯亥未卯 **二**輔36 甲癸壬辛庚己戊丁 子酉午卯子酉午卯
丙甲壬庚戊丙甲壬 辰子申辰子申辰子 **三**弼1 丙乙甲癸壬辛庚己 辰丑戌未辰丑戌未	**五**巨 戊丁丙乙甲癸壬辛 午卯子酉午卯子酉	庚戊丙甲壬庚戊丙 申辰子申辰子申辰 **七**文5 庚己戊丁丙乙甲癸 申巳寅亥申巳寅亥
癸辛己丁乙癸辛己 亥未卯亥未卯亥未 **八**廉24 辛庚己戊丁丙乙甲 酉午卯子酉午卯子	壬庚戊丙甲壬庚戊 戌午寅戌午寅戌午 **一**破71 癸壬辛庚己戊丁丙 亥申巳寅亥申巳寅	辛己丁乙癸辛己丁 酉巳丑酉巳丑酉巳 **六**祿22 己戊丁丙乙甲癸壬 未辰丑戌未辰丑戌

丙辰年作乾山應驗圖二

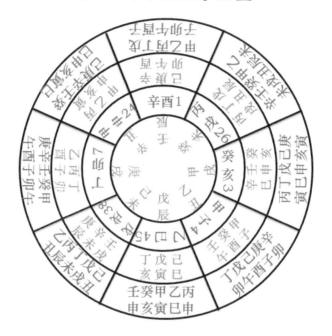

此圖丙辰年作乾山，即在太歲辰上起丙辰，挨到乾上是丙子相逢，更主科捷。此又在太歲上挨相逢，又是一法。

丙甲壬庚戊丙甲壬 辰子申辰子申辰子 **四**1 丙乙甲癸壬辛庚己 辰丑戌未辰丑戌未	丁乙癸辛己丁乙癸辛 巳丑酉巳丑酉巳丑酉 **九**42 辛庚己戊丁丙乙甲 酉午卯子酉午卯子	戊丙甲壬庚戊丙甲壬 午寅戌午寅戌午寅戌 **二**35 癸壬辛庚己戊丁丙 亥申巳寅亥申巳寅
癸辛己丁乙癸辛己 亥未卯亥未卯亥未 **三**72 甲癸壬辛庚己戊丁 子酉午卯子酉午卯	**五** 丁丙乙甲癸壬辛庚 巳寅亥申巳寅亥申	己丁乙癸辛己丁乙癸 未卯亥未卯亥未卯亥 **七**4 己戊丁丙乙甲癸壬 未辰丑戌未辰丑戌
壬庚戊丙甲壬庚戊 戌午寅戌午寅戌午 **八**23 庚己戊丁丙乙甲癸 申巳寅亥申巳寅亥	辛己丁乙癸辛己丁乙 酉巳丑酉巳丑酉巳丑 **一**70 壬辛庚己戊丁丙乙 戌未辰丑戌未辰丑	庚戊丙甲壬庚戊丙甲 申辰子申辰子申辰子 **六**21 戊丁丙乙甲癸壬辛 午卯子酉午卯子酉

153

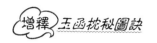
辛酉丰作艮山離位起一數圖（逆挨）

　　此圖予在禾場堂，與王體乾葬父，系催丁之塋也。是艮山坤向，辛酉十二月中旬進葬。予曰：十三個月見驗當生子，若十二個月、十四個月，皆不算，果於癸亥年正月中旬，得生男子，令人丁大盛矣。此相逢在癸亥年正月。十三個月者，艮至坤十三數也。數驗皆符。

辛酉	壬戌	癸亥	甲子	乙丑	丙寅	丁卯	戊辰	己巳
坎	坤	震	巽	中	乾	兌	艮	離
一	二	三	四	五	六	七	八	九

未巳卯丑亥酉，陰年逆挨九星

戊丙甲壬庚戊丙甲 辰子申辰子申辰子 **四24** 丙乙甲癸壬辛庚己 寅亥申巳寅亥申巳	辛己丁乙癸辛己丁 酉巳丑酉巳丑酉巳 **九1** 辛庚己戊丁丙乙甲 酉午卯子酉午卯子	壬庚戊丙甲壬庚戊 戌午寅戌午寅戌午 **二26** 戊丁丙乙甲癸壬辛 辰丑戌未辰丑戌未
丁乙癸辛己丁乙癸 卯亥未卯亥未卯亥 **三7** 丁丙乙甲癸壬辛庚 卯子酉午卯子酉午	**五** 乙甲癸壬辛庚己戊 丑戌未辰丑戌未辰	癸辛己丁乙癸辛己 亥未卯亥未卯亥未 **七3** 癸壬辛庚己戊丁丙 亥申巳寅亥申巳寅
丙甲壬庚戊丙甲壬 寅戌午寅戌午寅戌 **八38** 壬辛庚己戊丁丙乙 戌未辰丑戌未辰丑	乙癸辛己丁乙癸辛 丑酉巳丑酉巳丑酉 **一45** 己戊丁丙乙甲癸壬 巳寅亥申巳寅亥申	甲壬庚戊丙甲壬庚 子申辰子申辰子申 **六4** 甲癸壬辛庚己戊丁 子酉午卯子酉午卯

子寅辰午申戌爲陽年，丑卯巳未酉亥爲陰年。

【金偉：先找主星。辛酉年是陰年，用夏至相逢逆行，作艮山，從太歲酉上兌宮起貪逆行至艮山，兌貪，乾巨，中祿，巽文，震廉，坤武，坎破，離輔，艮離。得到結果艮山主星是離。再找帝星用夏至相逢逆行到兌，從離到兌是3，辛酉1、壬戌2、癸亥3，相逢於癸亥年。】

	辛酉1	壬戌2
巽4	辛酉1 離9	坤2
震3	中5	癸亥3 兌7
壬戌2 艮8		乾6

癸亥3
（相逢在癸亥3）

帝出乎震圖

（順挨之圖）

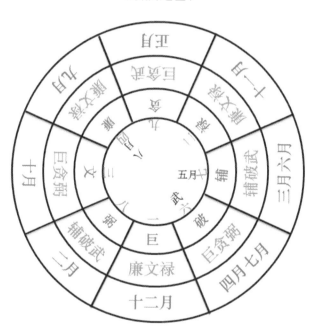

　　此圖：必先以用事之年，太歲上起貪，照九宮掌，陽年順挨，陰年逆挨。挨至坐山是何星，即以此星用二十四宮掌順挨，挨至用事之月，即將用事之月入中宮，在震之對面兌宮而出，不

分陰陽總用逆排，排完十二個月於九宮，依每月上之吉星則斷吉，凶星則斷凶，其驗如神。

假如午丁山，擇午年午月午日時之圖斷之，必主十二月得財，來年正月添丁。分陰陽順逆逐一挨完。巨為財星故主發財，貪為生氣故主添丁。正月本年已過，故主來年也武曲發貴，輔弼生聰明之子。

陽年順行陰年逆行

子年在坎一起貪，丑寅年在艮宮起貪，酉年在兌宮起貪，戌年在乾宮起貪，辰巳年在巽宮起貪，卯年在震宮起貪，未申年在坤宮起貪，午年在離宮起貪。陽年貪巨順輪九宮，陰年貪巨逆輪九宮，輪至坐山系何星所值，即以此星入中宮順點，點到月份止。並以月份入中宮，看其吉凶。

【金偉補注相逢數：

相逢數捷訣：古人是先數甲子再配數字，捷法：先排數字再配甲子，既快捷又不易出錯。

九宮八卦72數應72候，五天一候闢周天之數，《刪定大五行圖訣》：一年之氣在此，千年之氣在此。

冬至相逢：以本宮立極點起符頭1，順飛九宮，九宮迴圈，周而復始，數到72數為止。再順轉八門，八門迴圈周而復始，數到72數為止。

夏至相逢：以本宮立極點起符頭1，逆飛九宮，九宮迴圈，周而復始，數到72數為止，再順轉八門，八門迴圈周而復始，數到72數為止。

飛九宮時，每一宮排列出第一個數字後，因是九宮迴圈，周而復始，在此宮連續加上9（九宮一迴圈）。

轉八門時，每一宮排列出第一個數字後，因是八門迴圈周而復始，在此宮連續加上8（八門一迴圈）。

奇與門相逢數，就是九宮與八門相遇相同之數，這個數的原始數序用於應期，裡面所隱含的先天卦氣用於巒頭理氣。

如冬至乾宮相逢圖，從乾宮順飛九宮，乾為1，連續加上9，是1，10，19，28，37，46，55，64共8個數。順飛到兌宮是2，所以兌宮2，11，20，29，38，47，56，65，順飛到艮宮是3，12，21，30，39，48，57，66以此類推，加到不超過72就行了。

再順轉八門，乾是1，連續加上8且不超過72，乾宮是1，9，17，25，33，41，49，57，65（全是奇數），去乾宮飛九宮裡面的奇數找相同的數是1.順轉八門到坎2，艮3，震4，巽5，離6，坤7，兌8，轉八門到兌是8，兌宮8，16，24，32，40，48，56，64，72（全是偶數），去兌宮飛九宮的偶數裡面找相同的數是56數。其他以此類推。

冬至乾卦相逢數，乾為符頭起1，飛九宮連續加9，轉八門連續加8。

相逢者，九宮與八門相遇，數是數序，相逢數就是九宮（奇）與八門相遇的數序。在實際運用中用的是數序，甲子是變化的。比如乾卦冬至相逢數，乾卦符頭是丁亥1，到艮宮己丑3，假如是甲子年葬乾山，艮宮就是丙寅了。

這個是方法，只有掌握了方法自己去數數就行了。用法才是核心中的核心，相逢數裡面的秘密很多。下面簡單的談一下相逢數用法。（還有更簡單的方法，不用連續加8，也不用加9，直接用九九乘法口訣直接計算數字就可以把相逢數推算出來。）

乾宮冬至相逢圖

轉八門是奇數　　轉八門是偶數
5,13,21,29,37　　6,14,22,30,38，
45,53,61,69　　46,54,62,70
相逢數 53 左輔　　相逢數 22 文曲

巽 8,17,26,35,44,53,62,71	離 4,13,22,31,40 49,58,67	坤 6,15,24,33,42,51,60,69	轉八門是奇數 7,15,23,31,39 47,55,63,71 相逢數是 15 武曲
震 7,16,25,34,43 52,61,70	9,18,27,36,45,54 63,72 中宮相逢數 9	兌 2，11,20,29,38，47,56,65	轉八門是偶數 8,16,24,32,40 48,56,64,72 相逢數是 56 巨門
艮 3,12,21,30,39 48，57,66	坎 5,14,23,32,41 50,59,68	乾 1,10,19,28,37 46,55,64	

轉八門是偶數 4,12,20,28,36,44，52,60,68 相逢數 52 破軍

轉八門是奇數　　轉八門是偶數　　轉八門是奇數
3，11,19,27　　2,10,18,26,34　　1,9,17,25,33,41
35,43,51,59,67　42,50,58,66　　49,57,65
相逢數是 3 祿存　相逢數是 50 廉貞　相逢數是 1 貪狼

冬至乾卦相逢數以丁亥為符頭順飛九宮，順轉八門，取各宮相逢相同之數。

橫看是個位數 豎看是十位數	1	2	3	4	5	6	7	8	9	10
0	丁亥	戊子	己丑	庚寅	辛卯	壬辰	癸巳	甲午	乙未	丙申
11	丁酉	戊戌	己亥	庚子	辛丑	壬寅	癸卯	甲辰	乙巳	丙午
21	丁未	戊申	己酉	庚戌	辛亥	壬子	癸丑	甲寅	乙卯	丙辰
31	丁巳	戊午	己未	庚申	辛酉	壬戌	癸亥	甲子	乙丑	丙寅
41	丁卯	戊辰	己巳	庚午	辛未	壬申	癸酉	甲戌	乙亥	丙子
51	丁丑	戊寅	己卯	庚辰	辛巳	壬午	癸未	甲申	乙酉	丙戌
61	丁亥	戊子	己丑	庚寅	辛卯	壬辰	癸巳	甲午	乙未	丙申

由以上乾卦相逢數得知，坎宮相逢數 50 丙子，坤宮相逢數 15 辛丑，震宮相逢數 52 戊寅，巽宮 53 己卯，中宮 9 乙未，乾宮 1 丁亥，兌宮 56 壬午，艮宮 3 己丑，離宮 22 戊申。但是六甲可以變，數位卻不能變。

相逢數用法

天下所有的相逢數用法都是不完整的，目前只有《玉函枕秘》要詳細一點，但真正完整的相逢數用法是靠口傳心授的。相逢數主要有兩個大的用途。

一，相逢數用於巒頭，六甲相逢數，冬至代表順局，夏至代表逆局，符頭為先天之胎息。六甲相逢數含玄關，先天卦氣，生死二門，破軍前一位與天文接軌，萬物負陰而抱陽，南斗主生，北斗主死……等等秘法。訣曰：巨門守玄關，歷經生死門，走出火焰山，瞬間結金丹。這是口傳秘授的。這個才是核心。

如乾山巽向，開甲卯門，放丙午水，用夏至乾卦相逢，青囊經：**“用八卦，排六甲，布八門”** 離宮三方四正奇門相逢丙子70，以丙子70取數，丙2巨門午1貪狼，震宮奇門飛盤與轉盤相逢是庚午4，取數甲輔卯弼，是貪巨合輔弼。與《四十八局圖訣》結果100%吻合。

二，就是定應期，幾乎所有的相逢數書籍都在說這個事情，這兩種方法都離不開原始的16局。這裡面首先要掌握兩個秘法：

1. 冬至與夏至的分法，以用事的太歲分陰陽。甲丙戊庚壬為陽年，或者是子寅辰午申戌為陽年，用冬至相逢圖。乙丁己辛癸為陰年，或者是丑卯巳未酉亥為陰年，用夏至相逢數。

2. 應期分兩步起貪狼。第一步從用事流年宮位起貪狼陽順陰逆到坐山找主星，第二步從主星位上起貪狼找帝星相逢。

如乾山巽向，開甲卯門，放丙午水，用夏至乾卦相逢，青囊經：“用八卦，排六甲，布八門” 離宮三方四正奇門相逢丙子70，以丙子70取數，丙2巨門午1貪狼，1貪狼發丁，2巨門發財。《天玉經》原文：“二十四山起八宮，貪巨武輔雄”。若水出丙是巨門發財，出丙午是丁財俱發，什麼時候發看應期。震宮奇門飛盤與轉盤相逢是庚午4，取數甲輔卯弼，是貪巨合輔弼。所有正確的相逢數與《四十八局圖訣》結果100%吻合。

　　由《玉函枕秘》上卷的相逢數就可以把下卷的七星打劫圖，續卷的些子圖以及挨星順逆局等等數據毫無誤差的推算出來，倒排父母玄關圖，生死門亦在其中。則《玉函枕秘》可以入門矣。

所以：《玉函枕秘》的上卷，下卷，續卷，附錄是一個完整並且前後有關聯的書籍。相逢數排列方法雖然繁瑣，但邏輯性很強，說白了，如果師傅傳兩個弟子，一個只傳排60甲子（奇門相逢數），坤壬乙訣，另一個傳先後天八卦及河圖洛書，坤壬乙訣，後者比前者排60甲子容易很多倍，但是兩者結果是一模一樣，100%吻合。如果兩者都掌握了，則相互印證真偽，而相逢數還有應期，原始的七星盤也出自相逢數。

　　此六甲相逢數，六甲是變化的，故先取其數，再配流年六甲為用。也叫奇門相逢數，九宮八門相遇之數也，六甲符頭為先天胎息，含先天卦氣之妙，闢坎離交媾之精。三般卦也在其中。

　　青囊經：順五兆，用八卦。排六甲，布八門。推五運，定六氣。明地德，立人道。因變化，原終始。此之謂"化成"。

　　黃帝陰符經"八卦甲子，神機鬼藏"。

　　玄極門秘文：巨門守玄關，歷經生死門，走出火焰山，瞬間結金丹。

　　相逢數參考書籍：《玉函枕秘》《新增大五行圖訣》《刪定大五行圖訣》《蔣大鴻三元奧秘手抄本》《一六掌秘本》《地理辯證圖訣》《玄空寶鏡》等等都是一脈相承。特別是廣東一帶有大量的天心正運相逢數書籍都可以參考，然得訣者少之又少。全面掌握者更是鳳毛麟角。

　　總之，相逢數在許許多多數不勝數的書籍存在，掌握他一定沒有壞處。只是看掌握了多少內容而已。

　　【金偉根據師傅口訣增補：

　　在前面的眾多相逢圖中，用一圖可括之。正是《青囊經》用八卦，排六甲，布八門，推五運，定六氣，明地德，立人道，因變化，原終始，此謂之化成。黃帝陰符經：八卦甲子，神機鬼藏。在此六甲相逢數中，我玄極門四十八局的七星盤，均從此圖而出。破軍前一位在此圖，生死二門在此圖，生門開，死門閉，乘生氣。二八乃生死之機，四六為順逆之門，二八生死，四六玄關，二八四六即生死玄關，《青囊經》：二八四六，縱橫紀綱。在六甲相逢數中的七星盤裡，六甲相逢數裡含有先天卦氣，即天地定位，山澤通氣，雷風相博，水火不相射。此圖另有口訣"巨門守玄關，歷經生死門，走出火焰山，瞬間結金丹"。在《地理辯正掌訣圖解》《刪定大五行圖訣》《一六掌秘本》等等書籍中同樣也有玄關圖，需師傳或自悟方知其中之妙。奇門以艮為生門，坤為死門，黃帝內經以乾為天門，巽為地戶，艮為鬼門主死，坤為人門主生，奇門與黃帝內經對於生死二門看似矛盾，實則都只說了一半，兩者都非常正確，順逆不同生死二門的位置就不同，運用此圖則可全部明瞭，也真正詮釋了北斗主死，南斗主生的奧秘，坎中滿，離中虛，萬物負陰而抱陽，坎離交媾而結丹。將中國古代傳統文化用術數的方式系統化全部逐一解開，這才是玄極門的真諦。這才是眾妙之門，學東西就要知其根，無根之學學了也是白學。】

附六甲相逢數（金偉製圖）

冬至相逢圖

横看是坐山方位		坎卦	坤卦	震卦	巽卦	乾卦	兌卦	艮卦	離卦
竪看是周邊宮位	坎宮	甲子 1	丙子 36	丙子 71	丙子 70	丙子 50	丙子 67	丙子 48	丙子 29
	坤宮	辛丑 38	辛丑 1	辛丑 36	辛丑 35	辛丑 15	辛丑 32	辛丑 13	癸丑 66
	震宮	丙寅 3	戊寅 38	丙寅 1	戊寅 72	戊寅 52	戊寅 69	戊寅 50	戊寅 31
	巽宮	丁卯 4	己卯 39	丁卯 2	丁卯 1	己卯 53	己卯 70	己卯 51	己卯 32
	乾宮	丁亥 24	己亥 59	丁亥 22	丁亥 21	丁亥 1	丁亥 18	己亥 71	己亥 52
	兌宮	庚午 7	壬午 42	庚午 5	庚午 4	庚午 56	庚午 1	壬午 54	壬午 35
	艮宮	己丑 26	辛丑 61	己丑 24	己丑 23	己丑 3	己丑 20	己丑 1	辛丑 54
	離宮	戊申 45	戊申 8	戊申 43	戊申 42	戊申 22	戊申 39	戊申 20	戊申 1

夏至相逢圖

横看是坐山方位		坎卦	坤卦	震卦	巽卦	乾卦	兌卦	艮卦	離卦
竪看是周邊宮位	坎宮	戊申 1	戊申 20	戊申 39	戊申 22	戊申 42	戊申 43	戊申 8	戊申 45
	坤宮	辛丑 54	己丑 1	己丑 20	己丑 3	己丑 23	己丑 24	辛丑 61	己丑 26
	震宮	壬午 35	壬午 54	庚午 1	壬午 56	庚午 4	庚午 5	壬午 42	庚午 7
	巽宮	己亥 52	己亥 71	丁亥 18	丁亥 1	丁亥 21	丁亥 22	己亥 59	丁亥 24
	乾宮	己卯 32	己卯 51	己卯 70	己卯 53	丁卯 1	丁卯 2	己卯 39	丁卯 4
	兌宮	戊寅 31	戊寅 50	戊寅 69	戊寅 52	戊寅 72	丙寅 1	戊寅 38	丙寅 3
	艮宮	癸丑 66	辛丑 13	辛丑 32	辛丑 15	辛丑 35	辛丑 36	辛丑 1	辛丑 38
	離宮	丙子 29	丙子 48	丙子 67	丙子 50	丙子 70	丙子 71	丙子 36	甲子 1

玄極門秘言：巨門守玄關，歷經生死門，走出火焰山，瞬間結金丹。

《青囊經》：順五兆，用八卦，排六甲，布八門，推五運，定六氣，明地德，立人道。

《黃帝陰符經》：八卦甲子，神機鬼藏。

枕秘下卷的七星打劫圖以及續卷的些子圖、挨星順逆局等等均可由此推算出來，倒排父母的二八四六生死玄關也在此圖，枕秘的上卷、下卷、續卷、附錄是一個完整的系統體系。

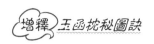

內盤爲地盤即靜盤　外盤爲天盤即動盤

壬山擇日圖

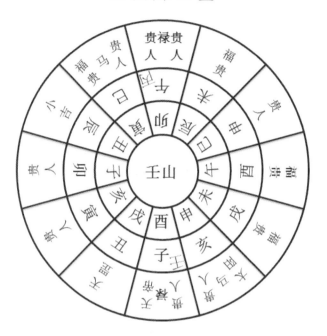

【金偉：天心正運初級入門知識】

　　壬山丙向丙辛元辰，或修方或在壬方點燈，催丁財貴祿等事，宜擇子年子月，大雪後冬至前之太陽，丙辛二日亥時，有祿馬、貴人、太陽天帝，夾山夾向而到旺方，此天玉不傳之秘旨也，用之催福甚速。

子山擇日圖

　子山午向，甲己元辰，或修子方，或子方點燈，催丁財祿等事，宜用子年子月，冬至後小寒前甲己二日子時，有太陽、天帝、祿、馬、貴人齊臨山向，而到旺方，用之造葬祿福甚速！

癸山擇日圖

　癸山丁向，丙辛元辰，或造葬修方，或癸方點燈，催貴財祿馬等事，宜事子丑年、丑月，小寒後大寒前，乙庚二日子時，催福至驗。

丑山擇日圖

　　丑山未向，戊癸為元辰，或修造，或修丑方，或丑方點燈，催丁貴財祿等事，宜用丑年丑月，大寒後立春前，戊癸二日干，丑時上吉。

艮山擇日圖

　　艮山坤向，乙庚元辰，或造葬，或修艮方，或艮方點燈催丁財貴祿等事，宜用丑寅二年寅月，立春後雨水前，乙庚日寅時，用之無不應驗。

寅山擇日圖

　　寅山申向，丁壬元辰，或造葬或修方，或寅方點燈催福，宜
選寅年寅月，雨水後驚蟄前丁壬二日寅時，用之至驗。

甲山擇日圖

甲山庚向，甲己元辰，或造葬或修甲方，或甲方點燈催福，
宜選寅卯年寅卯月，雨水後驚蟄前甲己二日寅時用之至驗大吉。

卯山擇日圖

卯山酉向，丙辛元辰，或造葬，或修卯方，或卯方點燈催
福，要擇卯年卯月春分後清明前，丙辛二日卯時大吉。

乙山擇日圖

　　乙山辛向，戊癸元辰，或造葬或修乙方或乙方點燈，催福，
宜擇卯年辰月，清明後穀雨前，戊癸二日，卯時大吉。

辰山擇日圖

辰山戌向，乙庚元辰，或造葬或修辰方或辰方點燈催福，宜用辰年月，穀雨後立夏前，乙庚日辰時甚吉。

巽山擇日圖

巽山乾向，丁壬元辰或造葬或修巽方，或巽方點天燈，催丁貴財祿等事，宜擇巳年巳月，小滿後，芒種前，丁壬日巳時，用之最驗。

巳山擇日圖

巳山亥向，甲己元辰，或造葬，或修己方或己方點燈，夏至
後小暑前，甲己日巳時大吉。

丙山擇日圖

　　丙山壬向，丙辛元辰，或造葬或修丙方或丙方點燈，催丁貴
財祿等事，宜擇午年巳月，小滿後芒種前，丙辛日巳時大吉。

午山擇日圖

　　午山子向，戊癸元辰，或造葬，或修午方，或午方點燈催
福，必用午年午月夏至後小暑前戊癸日午時吉。

丁山擇日圖

丁山癸向，乙庚元辰，或造葬或修丁方或丁方點天燈催丁祿
財貴等事，宜用午年未月，小暑後大暑前，乙庚日午時大吉。

未山擇日圖

　　未山丑向，丁壬元辰，或造葬或修未方，或未方點天燈，催丁貴祿財等事，宜用未年未月，大暑後立秋前，丁壬日未時催福最吉。

坤山擇日圖

　　坤山艮向，甲己元辰，或造葬或修坤方，或坤方點燈催丁貴財祿等事，宜擇申年申月，立秋後處暑前，甲己日申時大吉。

申山擇日圖

　　申山寅向，丙辛元辰，或造葬或修方或申方點燈催丁財貴祿
等事，宜用申年申月，立秋後處暑前，丙辛日申時催福最驗。

庚山擇日圖

庚山甲向，戊癸元辰，或造葬或修庚方，或庚方點天燈，催
丁財貴祿等事，宜擇酉年酉月，白露後秋分前，戊癸日，申時大
吉。

酉山擇日圖

酉山卯向，乙庚元辰，或造葬或修酉方，或酉方點天燈催福
等事，宜選酉年酉月秋分後寒露前，乙庚日酉時大吉。

辛山擇日圖

辛山乙向，丁壬元辰，或造葬或修辛方，或在辛方點天燈催福等事，宜擇戌年戌月寒露後霜降前，丁壬日酉時大吉。

戌山擇日圖

　　戌山辰向，甲己元辰，或造葬或修戌方或在戌方點天燈，催福等事，宜用戌年戌月，霜降後，立冬前，甲己二日戌時用之，催丁財祿，無不應驗。

乾山擇日圖

　　乾山巽向，丙辛元辰，造葬修方，並點天燈等，均在乾方催丁貴財祿，俱宜擇戌年亥年亥月，立冬後小雪前，丙辛日戌時，用之無不速發。

亥山擇日圖

　　亥山巳向，戊癸元辰，造葬修方，或亥方點天燈催丁貴財祿，俱用亥年亥月，小雪後，大雪前，戊癸日亥時，用之催福至效至速！

太歲加貴人催科神驗圖

庚己戊丁 午卯子酉 **四祿** 丙乙甲癸 午卯子酉	壬辛庚己 申巳寅亥 **五黃** 戊丁丙乙 申巳寅亥	乙甲癸壬 丑戌未辰 **六白** 辛庚己戊 丑戌未辰
戊丁丙乙 辰丑戌未 **三碧** 甲癸壬辛 辰丑戌未	此圖以洛書生成之數一六、二七、三八、四九並中五九宮傳佈太歲，法由一白起甲子、六白乙丑、二黑丙寅、七赤丁卯、三碧戊辰、八白己巳、四綠庚午、九紫辛未、中五壬申、一白又癸酉，依宮數布去，以查太歲及諧吉星所到之宮，以擇七政四餘之課，恩用得地，吉星歸垣為主。	丁丙乙甲 卯子酉午 **七赤** 癸壬辛庚 卯子酉午
丙乙甲癸 寅亥申巳 **二黑** 壬辛庚己 寅亥申巳		己戊丁丙 巳寅亥申 **八白** 乙甲癸壬 巳寅亥申
甲癸壬辛 子酉午卯 **一白** 庚己戊丁 子酉午卯		辛庚己戊 未辰丑戌 **九紫** 丁丙乙甲 未辰丑戌

　　劉氏不知何許人，亦不詳其名字，因此圖載於鄧夢覺山人，玄機密旨之經函中，適與催上日課有點天燈催福者相合，故錄於後，以備考證。

　　【金偉：此圖與我手中的另一手抄本《玄空寶鏡圖》同】。

　　劉氏曰：右圖以洛書生成大數，輪布渾天，凡太歲催科年，而得貴人同宮，以之點燈催科，決應，然是法雖神，合者甚罕，可知天道之難逢也。凡用催一人，即看其人命中太陽、科名、魁星、文星與合垣恩用，諸吉臨燈、或臨命宮度，則應此人。若催一方，即看擇日造命之恩用、貴人星照燈方，則應一方。用者宜取　餘所刊太陽選擇全表首卷考之，又如癸酉年點巳燈，丙子年，點酉燈均驗，即此可以類推取。至燈杆之高低，以燈火將平正脊脊面為合，然亦要尺寸合吉數乃應也。

（上卷終）

下卷

【金偉：以下各圖是龍水城門訣進退相交原理】

坎離進退相交圖

癸辛坎交過卯配兌；丙甲午交過酉配卯。

兌震進退相交圖

辛癸兌交過離配坎；甲丙卯交過子配午。

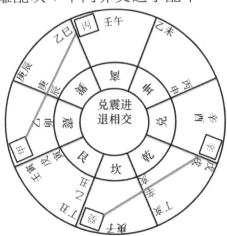

乾卦九星雙起雌雄圖

一個甲與甲戌配雌雄一個丙與甲戌配雌雄。

巽震九星雙起雌雄圖

一個辰巳夾甲乙以交卯，配戌乾亥為雌雄，一個辛卯夾巽以交辰巳，配庚酉辛為雌雄，九星雙起雌雄巽也！此以兩卦相交言。

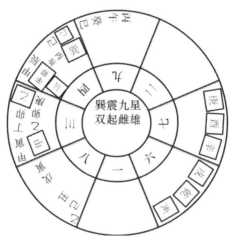

兌乾九星雙起雌雄圖

一個戌亥夾庚午以交酉配辰巽巳為雌雄,一個乙酉夾乾以交戌亥配甲卯乙為雌雄乃雌雄巽也!此亦兩卦相交圖。

巽卦九星雙起雌雄圖

一個壬與庚辰配雌雄,一個庚與戌辰配雌雄,此一卦言!

乾巽對待雙起九星圖一

一個辛卯配乾為雌雄，一個乙酉配巽為雌雄，二雌雄異也！
與下圖並言對待！

卯酉對待雙起九星圖二

一個庚辰配庚，甲戌配甲為雌雄，一個己巳配辛，癸亥配乙
為雌雄，亦九星雙起，亦為雌雄異也！

186

山上排龍圖

　　此山上排龍圖，子龍兼癸轉巽巳，辛酉上水來，乃甲寅丁卯乙甲辰己巳五行內之龍局宜作巽山兼巳，此巽巳是從坎兌生來，正四一七局也！

水上排龍圖

　　此水上排龍圖，巽龍轉艮作子山，用丙午癸己丙辰辛卯之五行水局，便該配一五四八內之六水城門，以辰午巳所夾是巽午，即從巽生來配乾即巽也！

艮進五行圖

此圖與後圖，乃艮卦進退之四柱五行也，以本卦論，則配對面坤為雌雄，以兩卦相交論，則是卯退交艮，即為穴，以卯進交巽論，則以辛卯移前三位，立巽山，乃合八卦坤氣父母之配合也！

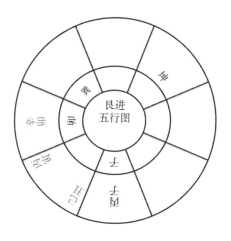

艮退五行圖

此艮退五行，對面配坤，即立艮山坤向，水來去當面皆可，以坎進交艮論，即立子山亦是正配，以坎退交乾論，則以甲子移前三位，作乾***。

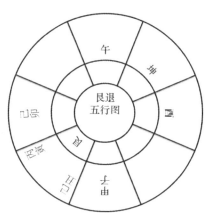

坤交離圖

此坤交午圖，即坤巽子局，卯乃子之先天，此二卦隨便一卦，不拘順逆，挨得兩卦之星，總是一樣，可見得兩卦，真是進退相交，皆是有吉無凶，正所謂“天寶地符”也！

離交坤圖

此乃午交坤圖，即午酉坤局，乾乃午之同氣，坤之先天者也！

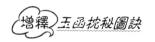

離交巽圖

此乃午交巽圖，即午酉坤局，乾即巽之對面。

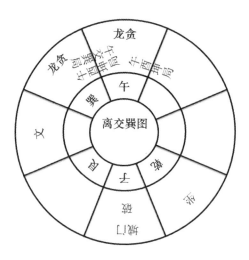

巽交離圖

此乃巽交午圖，即巽坤午局，酉即坎之同氣，午之先天也！

卯交巽圖

此乃卯交巽圖，即卯午巽局，坤乃巽之先天。

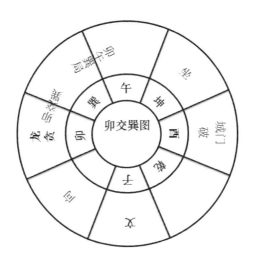

巽交卯圖

此巽交卯圖，即巽艮卯局，乃震之對面，乃巽之同氣，酉之
先天也！

卯交艮圖

此卯交艮圖，即卯坎艮局，坤乃艮之對面！

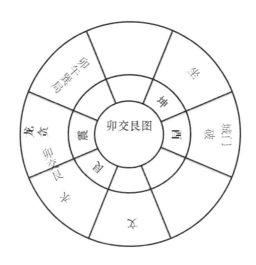

艮交卯圖

此艮交卯圖，即艮巽卯局，震實交過斗訣，*離對面。

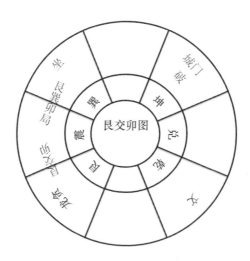

坎交艮圖

此坎交艮圖，即艮乾午局，午乃子之對面，酉是子之同氣！

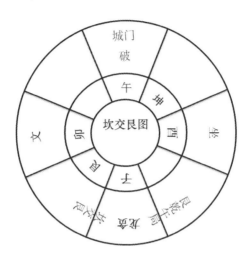

艮交坎圖

此艮交坎圖，即子卯艮局，巽乃子之同氣即艮之先天也！

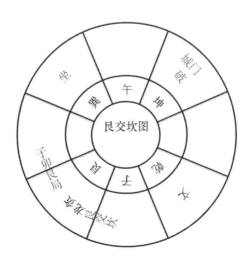

坎交乾圖

此坎交乾圖，即子酉乾局，巽乃乾之先天對面坤乃巽之先天。

乾交坎圖

此乾交坎圖，即乾艮子局，卯乃乾之同氣，子之先天也！

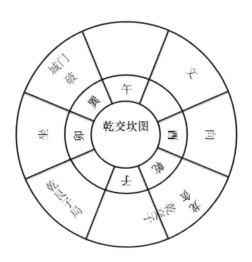

坤交兌圖

此坤交兌圖，即坤乾兌局，子乃酉之先天。

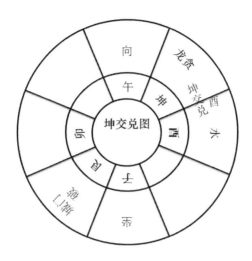

兌交坤圖

此兌交坤圖，即酉午坤局，巽乃酉之同氣，艮之先天也！

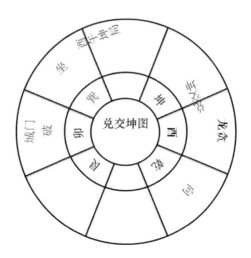

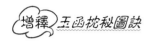

乾交兌圖

此乾交兌圖即乾坤酉局。

兌交乾圖

此乃兌交乾圖，即酉子乾局，艮乃乾之先天！

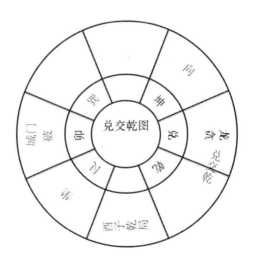

196

七星去打劫圖一

此後一位排龍法，乃乾卦三山之圖。乾六即武曲，故九宮皆是武曲。至離，則武曲之本數出現，此皆以離宮相合。

六	七	八	九	一	二	三	四	五
離	艮	兌	乾	中	巽	震	坤	坎
九	八	七	六	五	四	三	二	一

七星去打劫共九圖，均以穴星後一位起貪狼，九宮掌逆行，以數乘除各宮，皆是至離則本數出現，故曰：離宮相合。以下八圖，均同此類推。乘除：將數乘起除九數，看零數是何數，以定九星。【金偉注：此七星打劫圖用入中逆行九宮，續卷的九疇掌訣用入中順行九宮。可以說飛星的原理均出自此書籍。】

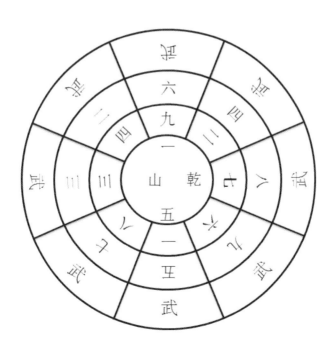

七星去打劫圖二

此通盤是破軍，破軍是兌七，合各宮皆七數，至離則七數出現，是為兌卦三山之九星也。

七 八 九 一 二 三 四 五 六
離 艮 兌 乾 中 巽 震 坤 坎
九 八 七 六 五 四 三 二 一

以三入中湊中五八數，八又在離宮出現，且滿盤乘除皆八數，都是左輔星，是知其為艮卦三山之九星，九星也。後一位起貪逆行。

七星去打劫圖三

　　以三入中，湊中五，八數，八又在離宮出現，且滿盤乘除皆八數，都是左輔星，是知其為艮卦三山之九星也！後一位起貪狼逆行。

八 九 一 二 三 四 五 六 七
離 艮 兌 乾 中 巽 震 坤 坎
九 八 七 六 五 四 三 二 一

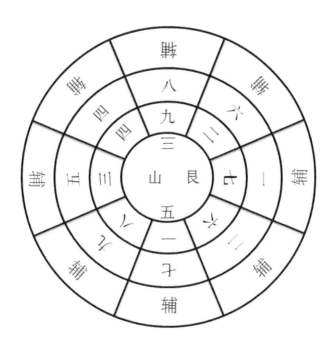

七星去打劫圖四

此離卦三山，滿盤皆是右弼星，總皆穴星後一位起貪挨出。

九 一 二 三 四 五 六 七 八
離 艮 兌 乾 中 巽 震 坤 坎
九 八 七 六 五 四 三 二 一

以後一位起貪逆行。

七星去打劫圖五

此坎卦三山後一位離上起貪,以數乘除各宮皆貪,此配龍水之捷法也!

<pre>
一 二 三 四 五 六 七 八 九
離 艮 兌 乾 中 巽 震 坤 坎
九 八 七 六 五 四 三 二 一
</pre>

後一位起貪逆行。

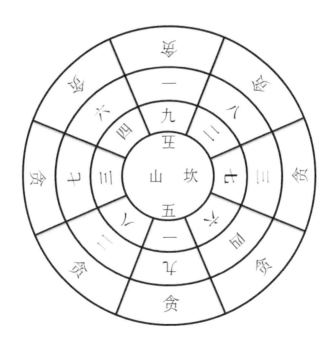

七星去打劫圖六

二在離，六在五，除九亦是二，便知其為坤山之九星。

二　三　四　五　六　七　八　九　一
離　艮　兌　乾　中　巽　震　坤　坎
九　八　七　六　五　四　三　二　一

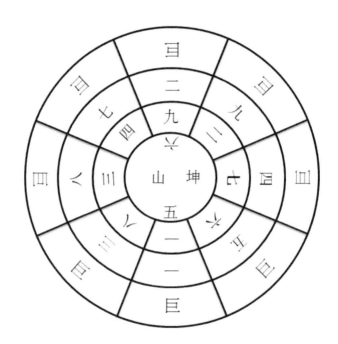

七星去打劫圖七

　　此九星皆是祿存星，是震卦三山之九星也！以後一位起貪逆行。

```
三 四 五 六 七 八 九 一 二
離 艮 兌 乾 中 巽 震 坤 坎
九 八 七 六 五 四 三 二 一
```

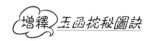

七星去打劫圖八

此巽卦三山，滿盤皆是文曲也！以後一位起貪逆行。

四	五	六	七	八	九	一	二	三
離	艮	兌	乾	中	巽	震	坤	坎
九	八	七	六	五	四	三	二	一

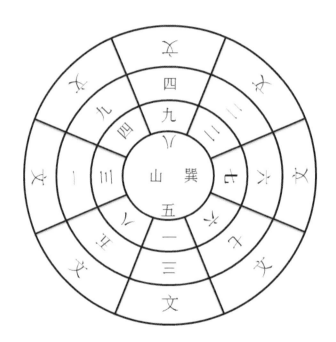

七星去打劫圖九

此中宮局，當立艮坤山局，通體皆廉貞無異！

五 六 七 八 九 一 二 三 四
離 艮 兌 乾 中 巽 震 坤 坎
九 八 七 六 五 四 三 二 一

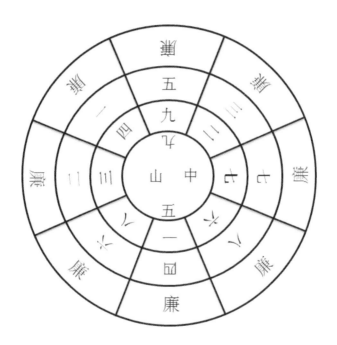

【金偉注：此七星打劫圖極為重要，它不但是七星打劫的一個環節，還是整個挨星的一個必不可少的步驟，天地父母三般卦也由此中產生，它的真實名字在天玉經多次被提及，此下卷的七星打劫圖與上卷的相逢數息息相關，並是續卷的許多重要內容絕對不可缺少的組成部分。還在附錄的一六掌中也有出現，在整個玉函枕秘一書中起著一個承前啟後的作用（當然了，相逢數同樣也是貫穿上卷下卷續卷附錄的一把鑰匙），市面上許多門派和書

籍都用不同形式的公開了第五圖（包括地理辯證圖訣等等），飛星派等也認為逆行是旺山旺向，雖然這些說法不准確，但許多門派由此延伸並得以發展。由於此圖極為重要，故書中也含糊其辭，沒有洩露真正用意，大凡學習玄空者就應該仔細研究此圖。此圖用法很多，《青囊經》《青囊序》《青囊奧語》《天玉經》等等經文就必須用到此圖，核心的秘法及用法只傳本門弟子，但我可以提供其中一組數據僅供研究者參考。

入中宮立極之數+5=離宮出現之數，又等於九宮與元旦盤相加之數。大於九的就減去九。如圖一就是一入中宮，1+5=6，南方離宮就是6，一入中宮逆行九宮後，各宮與元旦盤相加都是6（大於9的減去9），以此類推，九宮亦然。如任意一宮，假如兌宮，加上五黃太極之數五，7+5=12-9=3，那麼離宮是三，九宮都是，3或12，大於九就減去九，九宮全部都是三。

下圖的九宮玄機圖出自《四十八局圖譜》，與此七星打劫圖相同而異名，其真實名字在《天玉經》中多次提及，古人是為了保密而更名。圖中大寫字母是入中逆行九宮，小寫是元旦盤。】

九宮玄機圖

（入中之數加上五等於離宮出現之數，又等於九宮與元旦盤相加
之數，大於九的就減去九）

坎
(1+5=6，六在離宮出現，九宮均是六武曲)

二 4	六 9	四 2
三 3	一 5	八 7
七 8	五 1	九 6

坤
(2+5=7.七在離宮出現，九宮均是七破軍)

三 4	七 9	五 2
四 3	二 5	九 7
八 8	六 1	一 6

震
(3+5=8，八在離宮出現,九宮均是八左輔)

四 4	八 9	六 2
五 3	三 5	一 7
九 8	七 1	二 6

巽
(4+5=9,九在離宮出現，九宮均是九右弼)

五 4	九 9	七 2
六 3	四 5	二 7
一 8	八 1	三 6

中
(5+5=10-9=1，在離宮出現，九宮均是一貪狼)

六 4	一 9	八 2
七 3	五 5	三 7
二 8	九 1	四 6

乾
(6+5=11-9=2，二在離宮出現，九宮均是二巨門)

七 4	二 9	九 2
八 3	六 5	四 7
三 8	一 1	五 6

兌
(7+5=12-9=3，三在離宮出現，九官均是三祿存)

八 4	三 9	一 2
九 3	七 5	五 7
四 8	二 1	六 6

艮
(8+5=13-9=4，四在離宮出現，九宮均是四文曲)

九 4	四 9	二 2
一 3	八 5	六 7
五 8	三 1	七 6

離
(9+5=14-9=5，五在離宮出現九宮均是五廉貞)

一 4	五 9	三 2
二 3	九 5	七 7
六 8	四 1	八 6

　　龍水城門第一圖【金偉：玉函枕秘中本就有龍水城門144圖，此列舉了48圖，我後面有專題說明並補充其144圖城門內容。由第一圖和第五圖得知，以穴為立極點，在穴的左右135°地方來龍，就會產生四十八個城門圖式，龍水合十】

　　以下立成只有四十八圖定式乃以十二宮掌挨星配龍水立穴收五吉者，其龍水進退，穴向城門，俱兩兩相對正，十字天心云：有玄微者，此也！

第一圖之龍水城門

　　是巽龍、午水、乾城門，立子穴，用十二宮掌，從龍上起貪，順挨，取輔弼夾穴，而成五吉之局。

龍水城門第二圖

第二圖，乃龍乾、水坎、城門巽，作離穴，用十二宮掌，從龍上起貪，順挨，取輔弼夾穴，而成五吉之局。

龍水城門第三圖

第三圖，坤龍、酉水、艮城門，立卯穴，從龍起貪，順挨，取輔弼夾穴，而成五吉之局。

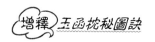

龍水城門第四圖

第四圖，艮龍、卯水、坤城門，立酉穴，從龍上起貪，順挨，取輔弼夾穴，而成五吉。

龍水城門第五圖

第五圖，坤龍、午水、艮城門，立子穴，從龍上起貪，逆挨，取輔弼夾穴，而成五吉。

龍水城門第六圖

第六圖，艮龍、子水、坤城門，立午穴，從龍上起貪，逆挨，取輔弼夾穴，而成五吉。

龍水城門第七圖

第七圖，乾龍、酉水、巽城門，立卯穴，從龍上起貪，逆挨，取輔弼夾穴而成五吉。

龍水城門第八圖

第八圖，巽龍、卯水、乾城門，立酉穴，從龍上起貪，逆挨取輔弼夾穴，而成五吉。

龍水城門第九圖

第九圖，卯龍、巽水、酉城門，立乾穴，從龍上起貪，順挨，取輔弼夾穴，而成五吉。

龍水城門第十圖

　　第十圖，酉龍、乾水、卯城門，立巽穴，從龍上起貪，順挨，取輔弼夾穴，而成五吉。

龍水城門第十一圖

　　第十一圖，午龍、巽水、子城門，立乾穴，從龍上起貪，逆挨，取輔弼夾穴，而成五吉。

龍水城門第十二圖

第十二圖，午龍、坤水、子城門，立艮穴，從龍上起貪，順挨，取輔弼夾穴，而成五吉。

龍水城門第十三圖

第十三圖，子龍、乾水、午城門，立巽穴，從龍上起貪，逆挨，取輔弼夾穴，而成五吉。

龍水城門第十四圖

　　第十四圖，子龍、艮水、午城門，立坤穴，從龍上起貪，順挨，取輔弼夾穴，而成五吉。

龍水城門第十五圖

　　第十五圖，酉龍、坤水、卯城門，立艮穴，從龍上起貪，逆挨，取輔弼夾穴，而成五吉。

龍水城門第十六圖

　　第十六圖，卯龍、艮水、酉城門，立坤穴，從龍上起貪，逆挨，取輔弼夾穴，而成五吉。

龍水城門第十七圖

　　第十七圖，戌龍、庚水、辰城門，立甲穴，從龍上起貪，逆挨，取輔弼夾穴，而成五吉。

龍水城門第十八圖

第十八圖，未龍、庚水、丑城門，立甲穴，從龍上起貪，順挨，取輔弼夾穴，而成五吉。

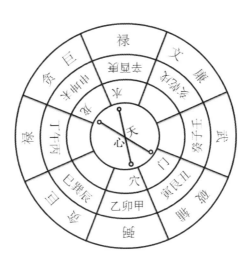

龍水城門第十九圖

第十九圖，辰龍、甲水、戌城門，立庚穴，從龍上起貪，逆挨，取輔弼夾穴，而成五吉。

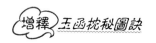

龍水城門第廿圖

第二十圖，丑龍、甲水、未城門，立庚穴，從龍上起貪，順挨，取輔弼夾穴，而成五吉。

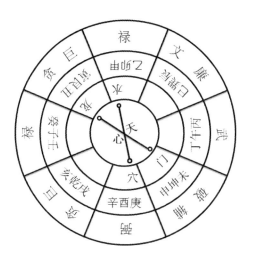

龍水城門第廿一圖

第二十一圖，丑龍、壬水、未城門，立丙穴，從龍上起貪，逆挨，取輔弼夾穴，而成五吉。

龍水城門第廿二圖

　　第二十二圖，戌龍、壬水、辰城門，立丙穴，從龍上起貪，順挨，取輔弼夾穴，而成五吉。

龍水城門第廿三圖

　　第二十三圖，未龍、丙水、丑城門，立壬穴，從龍上起貪，逆挨，取輔弼夾穴，而成五吉。

龍水城門第廿四圖

第二十四圖，辰龍、丙水、戌城門，立壬穴，從龍上起貪，順挨，取輔弼夾穴，而成五吉。

龍水城門第廿五圖

第二十五圖，癸龍、申水、丁城門，立乙穴，從龍上起貪，逆挨，取輔弼夾穴，而成五吉。

龍水城門第廿六圖

第二十六圖，丁龍、辛水、癸城門，立乙穴，從龍上起貪，順挨，取輔弼夾穴，而成五吉。

龍水城門第廿七圖

第二十七圖，丁龍、乙水、癸城門，立辛穴，從龍上起貪，逆挨，取輔弼夾穴，而成五吉。

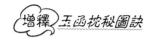

龍水城門第廿八圖

第二十八圖，癸龍、乙水、丁城門，立辛穴，從龍上起貪，順挨，取輔弼夾穴，而成五吉。

龍水城門第廿九圖

第二十九圖，寅龍、癸水、申城門，立丁穴，從龍上起貪，逆挨，取輔弼夾穴，而成五吉。

龍水城門第卅圖

第三十圖，亥龍、癸水、巳城門，立丁穴，從龍上起貪，順挨，取輔弼夾穴，而成五吉。

龍水城門第卅一圖

第三十一圖，申龍、丁水、寅城門，立癸穴，從龍上起貪，逆挨，取輔弼夾穴，而成五吉。

龍水城門第卅二圖

第三十二圖，巳龍、丁水、亥城門，立癸穴，從龍上起貪，順挨，取輔弼夾穴，而成五吉。

龍水城門第卅三圖

第三十三圖，巳龍、申水、亥城門，立寅穴，從龍上起貪，順挨，取輔弼夾穴，而成五吉。

龍水城門第卅四圖

第三十四圖，亥龍、申水、巳城門，立寅穴，從龍上起貪，逆挨，取輔弼夾穴，而成五吉。

龍水城門第卅五圖

第三十五圖，亥龍、寅水、巳城門，立申穴，從龍上起貪，順挨，取輔弼夾穴，而成五吉。

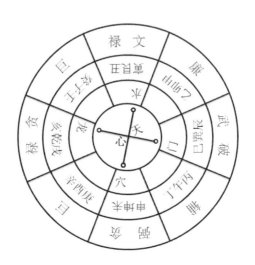

龍水城門第卅六圖

第三十六圖，巳龍、寅水、亥城門，立申穴，從龍上起貪，逆挨，取輔弼夾穴，而成五吉。

龍水城門第卅七圖

第三十七圖，寅龍、亥水、申城門，立巳穴，從龍上起貪，逆挨，取輔弼夾穴，而成五吉。

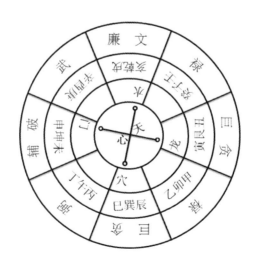

龍水城門第卅八圖

第三十八圖，申龍、亥水、寅城門，立巳穴，從龍上起貪，
順挨，取輔弼夾穴，而成五吉。

龍水城門第卅九圖

第三十九圖，申龍、巳水、寅城門，立亥穴，從龍上起貪，
逆挨，取輔弼夾穴，而成五吉。

龍水城門第卅十圖

第四十圖，寅龍、巳水、申城門，立亥穴，從龍上起貪，順挨，取輔弼夾穴，而成五吉。

龍水城門第卅一圖

第四十一圖，丑龍、戌水、未城門，立辰穴，從龍上起貪，逆挨，取輔弼夾穴，而成五吉。

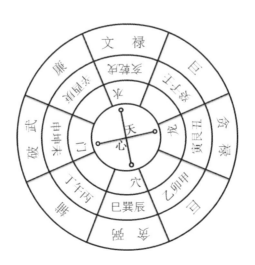

龍水城門第卅二圖

第四十二圖，未龍、戌水、丑城門，立辰穴，從龍上起貪，
順挨，取輔弼夾穴，而成五吉。

龍水城門第卅三圖

第四十三圖，丑龍、辰水、未城門，立戌穴，從龍上起貪，
順挨，取弼巨夾穴，而成五吉。

龍水城門第卅四圖

第四十四圖，未龍、辰水、丑城門，立戌穴，從龍上起貪，逆挨，取巨弼夾穴，而成五吉。

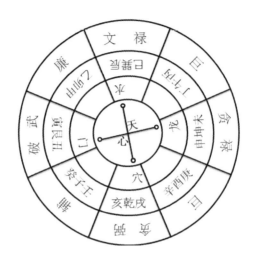

龍水城門第卅五圖

第四十五圖，辰龍、未水、戌城門，立丑穴，從龍上起貪，順挨，取弼巨夾穴，而成五吉。

龍水城門第卅六圖

第四十六圖，戌龍、未水、辰城門，立丑穴，從龍上起貪，逆挨，取弼巨夾穴，而成五吉。

龍水城門第卅七圖

第四十七圖，戌龍、丑水、辰城門，立未穴，從龍上起貪，順挨，取弼巨夾穴，而成五吉。

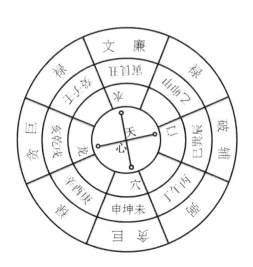

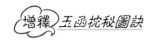

龍水城門第卅八圖

第四十八圖，辰龍、丑水、戌城門，立未穴，從龍上起貪，逆挨，取弼巨夾穴，而成五吉。

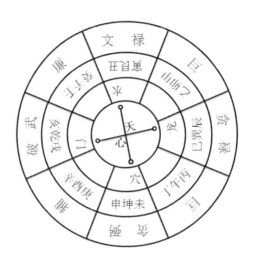

續卷

一、河圖之訣

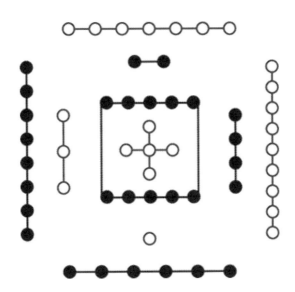

　　干維乾坤艮巽壬，陽順星辰輪。支神坎震離兌癸，陰卦逆行取。

　　分定陰陽歸兩路，順逆推排去。四隅為四維，故屬陽；四正為地支，故屬陰。此挨星訣也，壬癸分陰陽，又在兼加上論，此訣從坎出逢合正。

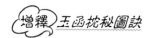
二、洛書圖訣

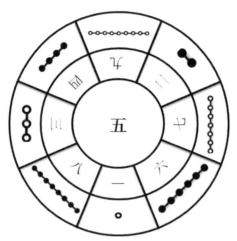

天機妙訣本不同，八卦只有一卦通。乾坤艮巽躔何位，乙辛丁癸落何宮。

甲庚壬丙來何地，星辰流轉要相逢。用此掌多以順，大五卻偏用逆。

此訣自合起到入。神龜是禹王作洛書。

一六坤艮水，二七巽坎火，三八震離木，四九乾兌金。

三、先天圖訣

天卦江東掌上尋，知了值千金。地畫八卦誰能會，山與水相對。

天卦，血脈也；地卦，金龍也。巒頭理氣合而為一，此真天地之奇妙，作用之巧絕者也！天地二字即天玉秘注，亦有旺藏，人人快看！

日月出入卦離卦整登對，山水亦然，真奇事也！

四 、後天圖訣

先天羅經十二支，後天再用干與維。八干四維輔支位，子母公孫同此推。

大卦掌訣，以先後天為要，故列諸圖之首，以見諸凡作用，不能外此也！

凡進退顛倒下卦挨星皆從後天。

五、三大卦圖訣

【此圖與下圖對照天玉經內傳上，可解】

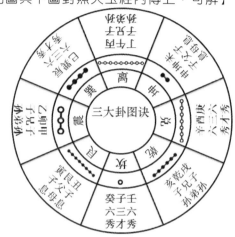

二十四龍管三卦，莫與時師話。忽然得知便通仙，代代鼓駢闐。

三才六秀為一例，父母子息為一例，兄弟子孫為一例。

坎至巽為四位，巽至兌為四位，八卦皆經四位。舉一子山午向以為例，以子巽酉為三才，以庚壬辰辛癸巳為六秀，艮坤為父母，丑未寅申為子息，以卯午乾為兄弟，以甲丙戌亥丁乙為子孫。

六、真夫婦圖

前兼龍神前兼向，聯珠莫相放。後兼龍神後兼向，排定陰陽算。

此格龍立向消合配納之秘法，若龍犯剋雜，則以水救之，另自有訣，以合三卦為主，以夫婦圖分金，熟此入用矣！至入化入神，則非研究諸圖不可。

雌雄交媾亥山順圖

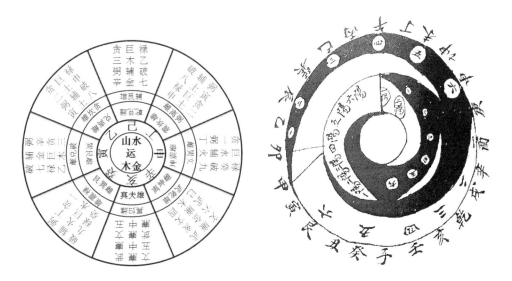

　　天遇風時開月窟，地逢雷處見天根，天根月窟常來往，三十
六宮總是春。

　　長陰消陽，長陽消陰，陰極陽生，陽極陰生，陰往陽來，陽
往陰來，陰陽流行，無有止息，故曰消息造化。

先天圖式

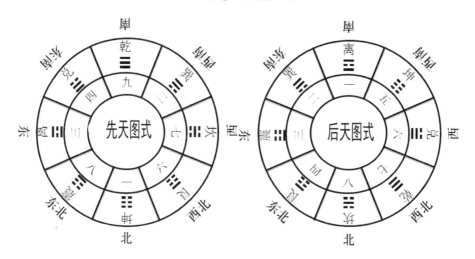

河圖圖式

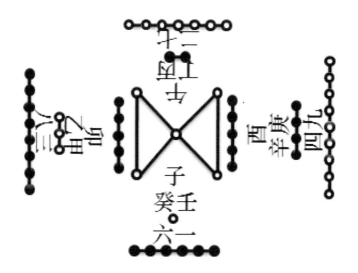

洛書圖式

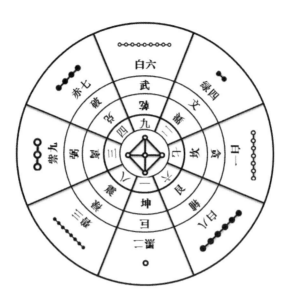

河圖洛書加減數圖

參伍為齊，合數相連。對待往來，

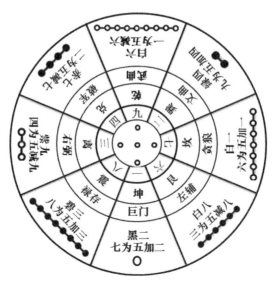

天地生成雌雄交媾圖式

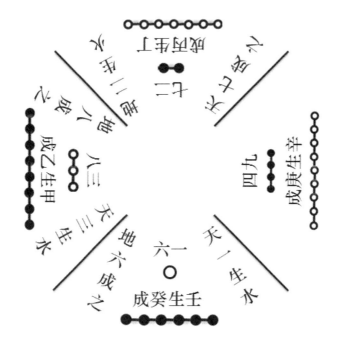

陰陽奇偶生成圖

卦是在外裝入，老父攜三男左行，老母是攜三女右轉。

後天包先天圖

順逆九星

〔內逆數，外順數〕

		廉		
兌文	巽 武艮	五	兌文	乾 武艮
四	巳辰 六	入	四	亥戌 六
離禄	震 破坎	中	離禄	兌 破坎
三	乙卯甲 七		三	辛酉庚 七
巽巨	坤 輔震		巽巨	艮 輔震
二	申未 八		二	寅丑 八
坤貪	坎 弼乾		坤貪	离 弼乾
一	癸子壬 九		一	丁午丙 九

貪與弼一例，弼與貪一例；一與九一例，九與一一例；

巨與輔一例，輔與巨一例；二與八一例，八與二一例；

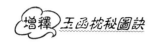

祿與破一例，破與祿一例；三與七一例，七與三一例；
文與武一例，武與文一例；四與六一例，六與四一例。

天心正運圖

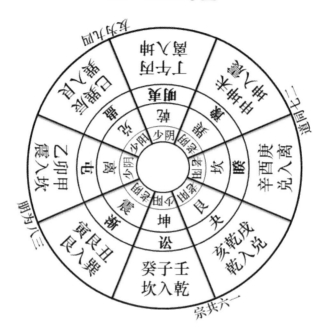

天心正運圖例

先天乾入後天坎位，坎乃先天之坤，乾為老父，坤為老母，
乾即些子，坤即這個也！起則將坎乾兌坤之例，運入順逆二局，
但他從坐山隔前一位起，各宮移去，則知乾坤坎離交媾在於那宮
矣！餘可類推。

天機妙訣本不同，八卦只有一卦通。　乾坤艮巽躔何位，乙
辛丁癸落何宮。

甲庚壬丙來何地，星辰流轉要相逢。雌與雄，交會合玄空；
雄與雌，玄空卦內推。山與水，須要明此理，水與山，禍福盡相
關。

242

紐交圖

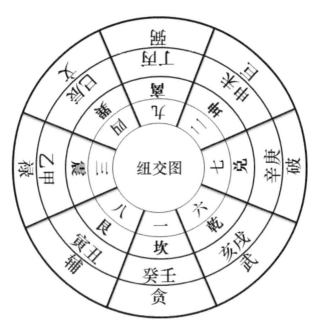

父母公孫子息圖

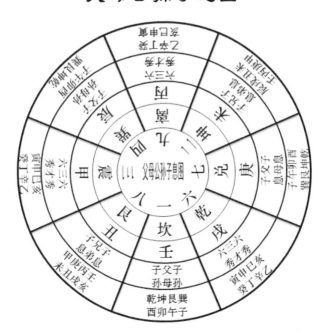

立成陰陽二宅真夫婦配合開門放水訣

【金偉：此圖例是右水到左向上45°放水，可活用】

坐山	壬	丑	甲	辰	丙	未	庚	戌
開門	未	庚	戌	壬	丑	甲	辰	丙
放水	辰	丙	未	庚	戌	壬	丑	甲
坐山	子	艮	卯	巽	午	坤	酉	乾
開門	坤	酉	乾	子	艮	卯	巽	午
放水	巽	午	坤	酉	乾	子	艮	卯
坐山	癸	寅	乙	巳	丁	申	辛	亥
開門	申	辛	亥	癸	寅	乙	巳	丁
放水	巳	丁	申	辛	亥	癸	寅	乙

城門定穴高低左右十字些子總圖

　　些子天心十字城門四圖，內盤是龍，而外盤是水口，去中二盤是坐山玄空十字結穴。【金偉：此些子與後面的些子圖是兩碼事，是古人混淆後面些子圖的真義。此城門以穴的左右各90°來龍，龍水合十，二十四山又組成四十八圖城門。又是市面上的十字天機夫婦交：四維·乾坤天地定位中，先天後天艮乾通。巽乾四六一九數，乾坤艮巽十字逢。八卦一卦三山用，精究妙法要用功。四正：坎卦先天兌後天，離先震後要相見。坎離一九四六數，東南西北十字連。八卦一卦管三山，得訣妙用有久遠。十字夫婦交媾榮。】

天卦結穴些子圖

【（金偉：此任然是古人為保守原因混淆視聽，是天元而非天卦。後亦然。以穴的左右各45°來龍論城門。此是天元16局。）】

人卦結穴些子圖

【（金偉：此任然是古人為保守原因混淆視聽，是人元而非人卦。以穴的左右各45˚來龍論城門。此是人元16局。）】

地卦結穴些子圖

【（金偉：此任然是古人為保守原因混淆視聽，是地元而非地卦。以穴的左右各45˚來龍論城門。此是地元16局。）】

【金偉：以穴為立極點，由上四圖及下卷的龍水城門四十八圖得知，在穴的左右各45˚，90˚，135˚的地方來龍，龍水合十，就形成了144圖龍水城門局了，《玉函枕秘》是把144圖龍水城門分散描述，我在後面做總體詳細補充，既不影響原文的閱讀，也更進一步完善其中內容。】

乾山些子圖

【（下列圖式內容按原文排列，結尾我再有補注）】

楊公說個團團轉，一左一右兩分張，明明指出夫和婦，有個單時便是雙，開門放水從此吉，富貴石崇出。

些子圖以坎艮震巽離坤兌乾為序以點之。

巽　中　離

震　　　坤

艮　　　兌

坎　　　乾

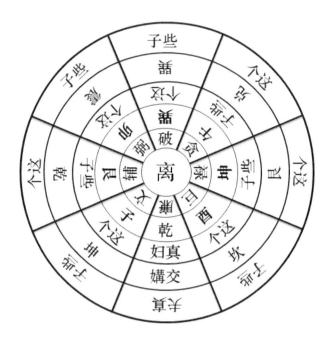

坤山些子圖

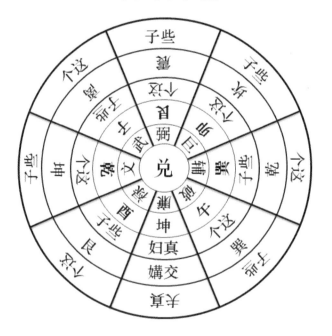

248

艮山些子圖

巽山些子圖

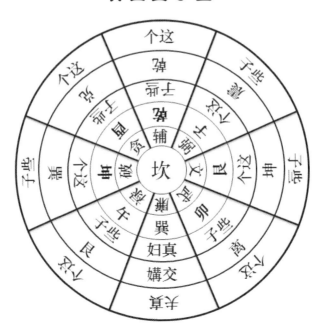

子山些子圖

午山些子圖

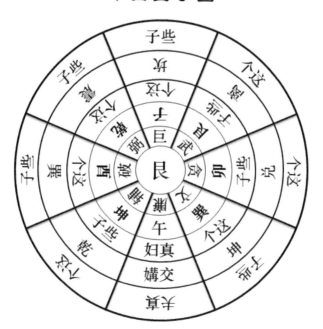

卯山些子圖

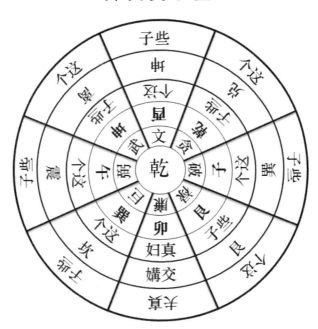

酉山些子圖

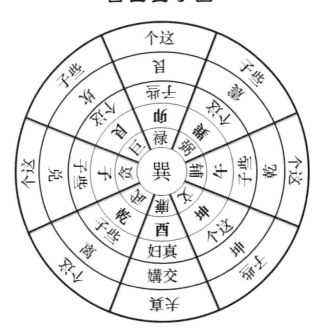

甲山些子圖

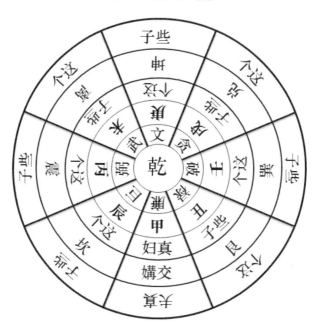

庚山些子圖

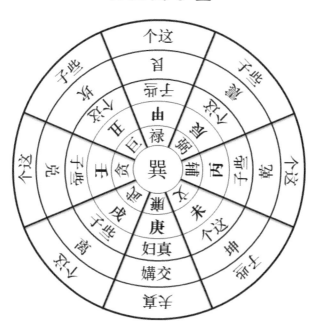

丙山些子圖

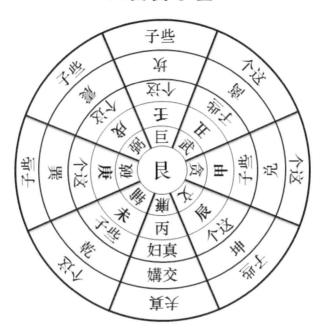

壬山些子圖

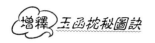

辰山些子圖

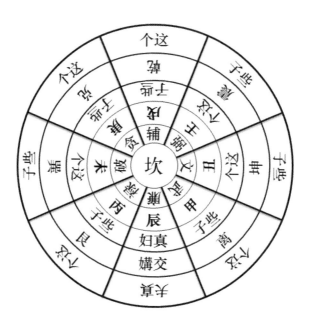

戌山些子圖

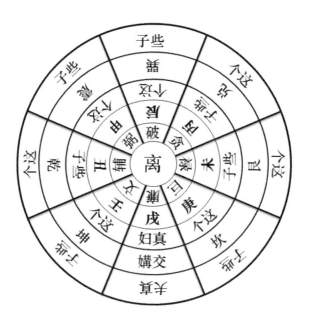

丑山些子圖

未山些子圖

乙山些子圖

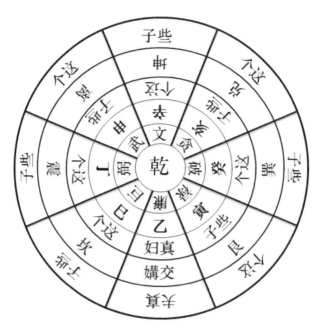

辛山些子圖

丁山些子圖

癸山些子圖

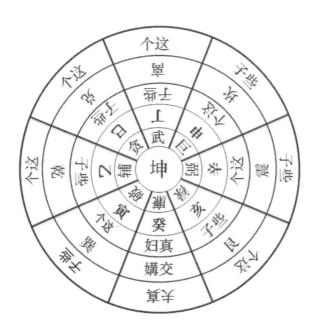

寅山些子圖

申山些子圖

巳山些子圖

亥山些子圖

【金偉：原圖的癸山些子圖把艮宮的些子與這個弄顛倒了，今更正。

在弁言中提到些子圖畫龍點睛，說明些子圖極其重要。蔣公曾曰：大道無多，只爭那些子，故曰不離這個。縱觀所有些子圖，"些子"與"這個"全部是宮宮相對應，如乾些子陽與坤這個陰天地定位，震"些子"陽與巽"這個"陰雷風相薄，艮"些子"陽與兌"這個"陰山澤通氣，坎"些子"陽與離"這個"陰水火不相射。易曰："一陰一陽之謂道"。些子為陽指四男乾坎艮震，這個為陰指四女坤離兌巽，陰陽相對應。些子圖由玄關產生，並且是玄關一生二的過程，陽生於陰，陰生於陽，陰陽相見，福祿永貞。現以乾山些子圖逐層破解，如果真正破解了些子圖，那麼二十四山都是一個規律（些子圖必用下卷的七星打劫圖，況且些子圖內容均可從上卷的六甲相逢數中產生）。

些子圖的用法：在本人的另一秘本中有詳細的文字敘述，在敘述文字時雖然壓根沒有提到"些子"與"這個"，但經過面授後就能徹底理解，就會明白古人是分散秘訣，要有一定的傳承才能融會貫通。

由下卷的七星打劫圖得知，乾山些子圖在中宮起武曲，逆行武破弼祿文貪輔巨。】

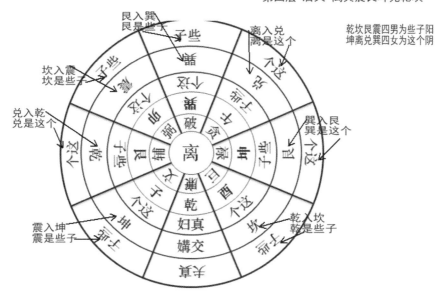

乾山些子图

由内向外看
第一层　九星　武破弼禄文贪辅巨廉
先天　乾兑离震巽坎艮坤
第四层　后天　离巽震艮坤兑乾坎

乾坎艮震四男为些子阳
坤离兑巽四女为这个阴

些子圖秘解：些子圖是逆局，順局可以此類推，並且順局在本書籍中另有記載。由內向外看：

第一層：……武（乾）破（兑）弼（離）祿（震）文（巽）貪（坎）輔（艮）巨（坤）廉。中宮則用後天代替，如中宮是武曲乾，用後天離。（可對照先後天）。

第二層：元旦盤（分清地天人三元）。

第三層：對應第一層的乾坎艮震四男為些子，巽坤離兑四女為這個。

第四層：第一層的先天對應後天。先天乾對應後天離，先天兑對應後天巽，以此類推。實際上第一層第三層第四層都是在暗示或者是在隱藏先天八卦。

第五層（最外層）：在第四層的基礎上用乾坤大挪移即產生地卦，如四層是坤，震入坤，震是些子。又如乾，兑入乾，兑為這個。以此類推。最關鍵的就是要對這一層內容的理解。

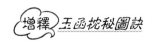

我大發慈悲將些子圖公開，是正本清源，讓市面上那些假些子無所遁形，此些子圖只是一生二，還要配坤壬乙訣二生三，還有最為關鍵的用法須面授後才能完全掌握。

強調兩點，也是難點：

1，對於居中之星的疑惑。我告訴您，二十四山都是一個規律，並且絕對是一個規律，為什麼乾山離居中，坤山兌居中，巽山坎居中等等都是一個規律。

2，最外層的已經全部給出答案了，在第四層的基礎上用乾坤大挪移再配陰陽，'些子'陽配與"這個"陰】

3，些子是活的，順逆局一變，些子陽與這個陰全變。在用法上也另有書籍並配合口傳秘訣。

先後天體用兼收圖

六乾離九是朝宗，坤宮坎一脈和通。天三地八為朋友，天七地四氣相從。

坎水來朝時至兌，巽龍入脈要坤宮。離九來龍定穴震，源出第八到乾宮。

後天來龍先天向，生成催照互相融。

此圖與後天中龍合向，向合水圖表裡，即配龍配水之要訣也！各宮分列八圖於下，其起例以坎艮震巽離兌坤兌乾為序，一二三四，五八二一，六七八九，七八四一。【金偉注：市面上流傳的是前半部，後半部是活局，可依此密碼12345821，67897841推算，如果用師門捷法就會更簡單。最終還是要以五吉星以及十四進神為用。】

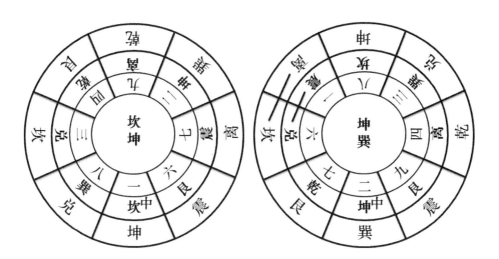

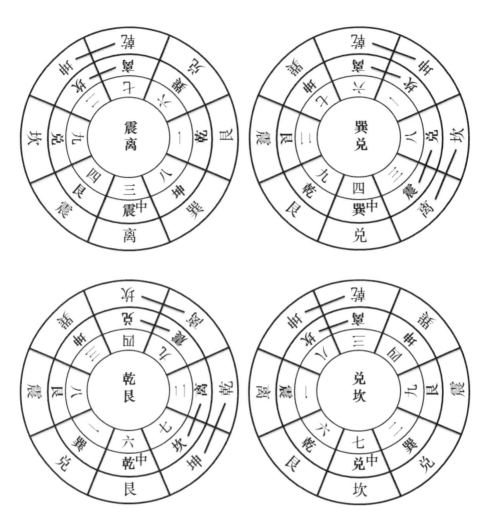

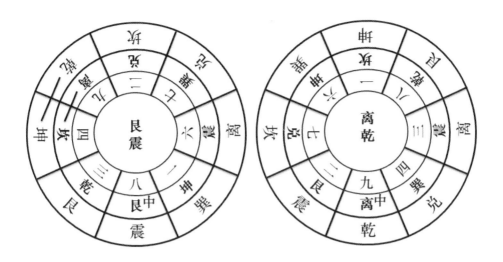

以下廿四日挨星順逆圖，應驗日課作用：

【金偉注：如壬山挨星順逆局，由下卷的七星打劫圖得知，在坤二宮起武巨，其二十四山俱由七星打劫圖推算而來。另壬子癸三山均可由上卷的坎山挨星順逆局推算而來。運行數序：武破右祿文貪左巨廉，右是右弼，左是左輔。】

壬山挨星順逆局

子山挨星順逆局

癸山挨星順逆局

丑山挨星順逆局

艮山挨星順逆局

寅山挨星順逆局

甲山挨星順逆局

卯山挨星順逆局

乙山挨星順逆局

辰山挨星順逆局

巽山挨星順逆局

巳山挨星順逆局

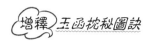

丙山挨星順逆局

午山挨星順逆局

丁山挨星順逆局

未山挨星順逆局

坤山挨星順逆局

申山挨星順逆局

庚山挨星順逆局

酉山挨星順逆局

辛山挨星順逆局

戌山挨星順逆局

乾山挨星順逆局

亥山挨星順逆局

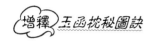
山水零正圖

坐家為地，向家為天，所謂翻天倒地對不同也。已過為零神，當運為正神，所謂零正高義也。零為衰正為旺，旺宜生入，衰宜剋入。旺忌生出，衰忌剋出。零神山忌正神水，正神山喜零神水來催也！

山陽水陰，前兼後兼，山水不可混雜，唯有艮坤中土立極，廣大包容，可兼山水。上元甲子一二三；中元甲子各分一半；下元甲子七八九。

【奧語：山與水，須要明此理。（金偉：首先要明白圖中山與水的來歷及原理）水與山，禍福盡相關。（金偉：此句是用法。明白原理後才能知道其用法，知來路，識歸途）天玉經：仙人秘密定陰陽，便是正龍崗。二十四山分兩路，認取五行主。水上排龍照位分，兄弟更子孫。（金偉見本續卷第五第六圖合看，兄弟子孫是人元是水）青囊序：山上龍神不下水，水裡龍神不上山，用此量山與步水，百里江山一晌間。】

上局零正圖

陰陽二字看零正，坐向須知病。

〖零正不明生旺必有病，若知其故，以生正神裝在坐上為生入，以零神裝在水上為剋入。〗

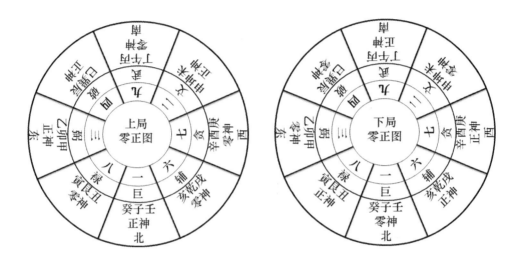

明得正神與零神，指日入青云。不識零神並正神，代代絕除根。

用此量山與步水，百里江山一響間。

九疇掌訣共九圖

　　八卦生旺死退煞，各有所宜，五黃正神殺沖關，諸事不宜。井灶、六畜，宜生旺；殺方最喜好安床；死退二方廁碓磨；煞方碓磨病難當。

　　九疇乃論生死剋退。【金偉注：第一圖元旦盤的九宮數序古書故意錯亂，為不改原書內容，請自行修正。下卷的七星打劫圖是逆行，此處用順行論生剋。】

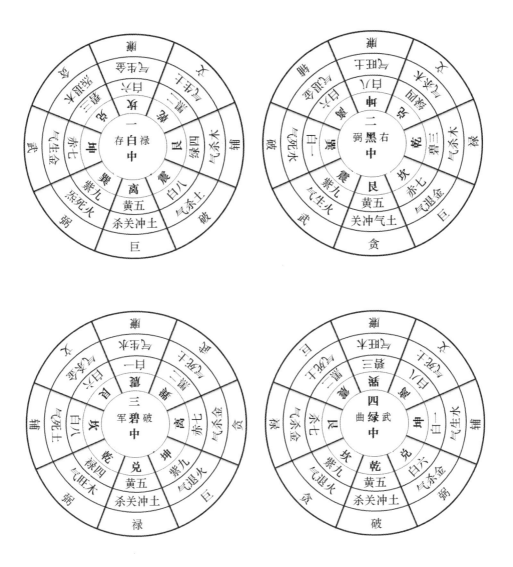

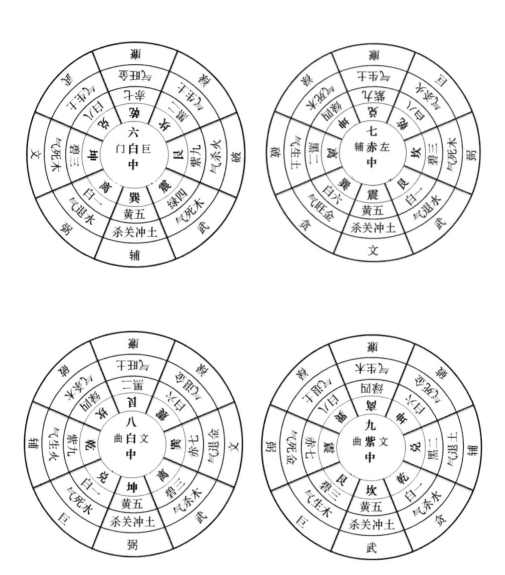

附錄・戴洪潤先生辨正圖訣起例節略

一六掌訣

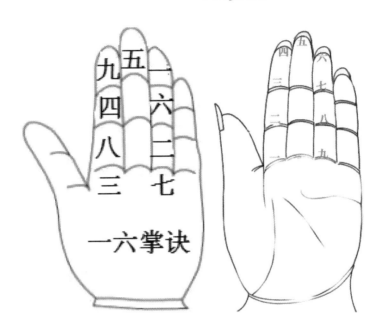

一六掌訣

地理出自黃石公、楊曾二師作注，清戴禮臺師得真訣而繪圖共二十二個能識其訣造化在手矣！

上圖之數，則一六掌從此出也，此掌訣，其作用即遁龍水，以之看龍是何數，與去水是何數，以龍之數入中，由一至六，由六至二，一蹴而數去至去水之數止，又以去水之數入中，亦由一六二七而數去，至龍之數數而止，看龍遁至水止在何宮，即以龍複在九宮掌排而去，排至中五止，即是遁入玄空也，如龍止在一數，即以龍在九宮掌一數而排之即通，水逢龍止，亦看止在何數，即以水複在九宮排去便合，亦是止在何數，即在何數起也。如水止在三即在九宮掌三數逆排起至中五而止，亦是遁入玄空也，同入玄空，即是交媾，即是山水配合，否則非配合為無用之地，此訣遁龍之數到水之數止，遁水之數到龍之數止，看止於何數，即以龍水之數，複在九宮掌逆排而去，至中五而止。

假若兌七龍入首，結穴在坎一，巽四去水，以七龍入一六掌之中五之處，是七在五、八在一、九在六、一在二、二在七、三在三、四在八、四是水口也，所謂循龍逢水止也，逢水之四止在八，即以龍之七在九宮掌之八宮逆排，是七在八、八在七、九在六、一到五，即入中而止，所謂遁入玄空，複以水之四數放在一六掌中五而排起，是四在五、五在一、六在六、七在二，七是龍，所謂遁水逢龍止，以水之四複在九宮掌之二，逆排而去。一亦到中五，俱是遁入玄空。

洛書圖訣解

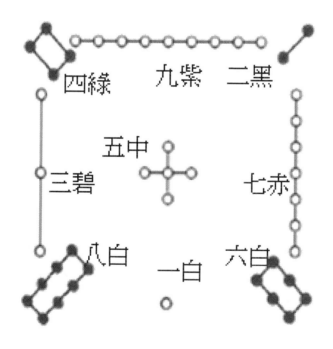

此九宮之數本諸洛書之數而出，大五行挨排諸般作用，即用此掌訣，但分順逆兩用耳。

書云：河圖洛書相為表裡，何謂表裡，即河之數以立其體，遁以洛之數以布為流行，表者外也，裡者內也，由內以達外也，布其用實根諸體，動靜互為其根，此所謂相為表裡也。

先天八卦

乾兌老陽、坤艮老陰、巽坎少陽、離震少陰，此先天之陰陽。此先天八卦在九宮掌挨排，以乾兌離震巽坎艮坤次第而排去。

此先天如何作用，是看龍水之交媾也，以先天在穴前一位，或後一位挨排，用九宮掌而輪，山龍則順排，水龍則逆排，如結穴在坎一卦，即在九宮掌之二位點起，乾在二、兌在三，一路而去排完八卦，此是山龍之排順，在穴前一位起也，如水龍，在九宮掌之九位起，乾在九、兌在八一路排去，亦是排完八卦，此是水龍之逆排在穴後一位起也，排此八卦所到之處，看龍水所值何卦，如龍既結穴在坎一，龍若在七兌入首，水在四巽去口，若順排之水口值離卦，龍值坎卦，若逆排之，則龍值離卦，水口值坎卦，所謂坎離交媾。書云：坎離水火中天過者是也，所謂天卦江東掌上尋，知了值千金；地畫八卦誰能會，山與水相對是也！

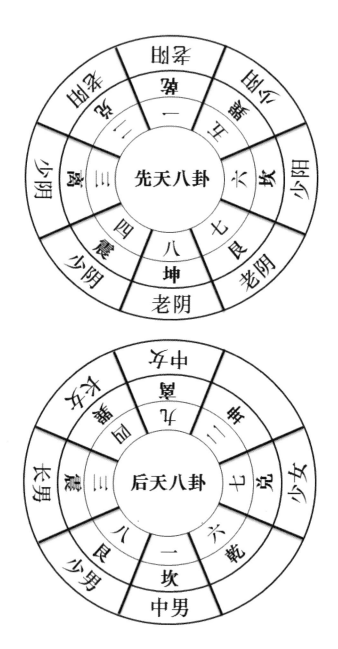

後天八卦

此後天八卦，凡元空下卦、三大卦、三元龍氣運，皆在於此，即二十四山皆根此卦數。

以此後天卦數入用，自坎一而至坤二震三巽四乾六兌七艮八離九，一路而去，如以九宮挨排，先以坐家放入中五，由四綠三碧一路逆排而去，看九宮之位何數在何宮，又看坐家是何元，即以此元而附其數，各元根歸各元。如穴坐坎一卦是子宮，是天元立穴也，則以天元八卦而附各宮之數，若地元則以地元附其數，人員則以人元附其數。何為以各元附其數？如坐家是坎子天元，則以坎一入中五起，二數在四綠之宮，則以坤附之三數至三碧宮，則以卯之四數至二黑之宮，則附以巽五數至一白之宮則附以子。若坐坐家是壬地元，則四因宮附未，三宮附甲，如坐家是癸人元，則四宮附申，三宮附乙，是為各元跟回各元也，此為元空下卦之訣！

上圖是後天八卦之位也，即九宮以排九星，看九宮是何星到所在何宮？再以後天八卦之位複排九星，是為奇門遁法。九宮是奇，八卦是門，先以九星在九宮挨排，又以九星在八門挨排，奇與門之宮同是數，即同是星，即是相逢，所謂陽相逢陰相逢，本此訣而出。

如坐家是坎一，即在坎一起貪，二是巨、三是祿、四是文、五是廉、六武，七破，一路而去，排完九宮，此是順排也。如逆排九星，貪在坎一、巨在九、祿在八、文在七、廉在六，一路逆排去，排完九星，既以九宮掌挨排，又以八門挨排，以八門挨排若何？

如坐是坎，即在坎起貪，巨到艮、祿到震。先以九宮挨排坎山九星，三碧是祿存，今以八門挨排坎山九星，震亦是祿存，此為相逢也，但以九宮排九星，有順逆兩排，以八門挨排九星，無

論何山俱順排。

巽四			离九			坤二		
巳	巽	辰	丙	午	丁	未	坤	申
六	三	六	子	兄	子	子	父	子
秀	才	秀	孫	弟	孫	息	母	息
水	山	山	山	水	水	山	山	水
震三						兌七		
乙	卯	甲				庚	酉	辛
子	兄	子				六	三	六
孫	弟	孫				秀	才	秀
水	水	山				山	水	水
艮八			坎一			乾六		
寅	艮	丑	癸	子	壬	亥	乾	戌
子	父	子	六	三	六	子	兄	子
息	母	息	秀	才	秀	孫	弟	孫
水	山	山	水	水	山	水	山	山

三大卦圖訣

圖載上集卷中

訣曰：

戴〖九〗左〖三〗與六是一枝，覆〖一〗右〖七〗並四實為奇；二八位中性是直，說與後賢仔細思。

又曰：

一二三方例貪狼，四五六處文武方；

更有破軍一鋪弼，七八九位安排裝。

此訣是元空下卦各元歸回各元即此本，得此分而用。此圖合而為一，如一四七一卦，其中有二五八、三六九在內，以一而論

288

是一卦之一爻也，即一爻又分天地人三元，是一爻亦有三卦也，是分而為合。二五八一卦又有一四七一卦，這八神在內，是合亦分也，

此圖所謂三大卦者，將二十四山合為三大卦，每一卦統八山，一四七合為一大卦，二五八合為一大卦，三六九合為一大卦，所為二十四龍管三卦，莫與時師話者，此也。所謂江東一卦、江西一卦、南北共一卦者，此也，此三大之卦中，以一四七為天元，二五八為地元，三六九為人元，是合為三大卦。又以子午卯酉乾坤艮巽是天元之一卦、以甲庚壬丙辰戌丑未是地元之一卦、以乙辛丁癸寅申己亥是人元之一卦也，以一四七合成一卦，此合而為一，以子午卯酉分而為用，是一四七一卦之所分也，又以一卦之一爻分為天地人三元，是分而為合也，分而合為一卦，亦合而分為一元，所以一卦之一爻分而為用，要各元歸回各元也。

真夫婦圖

真 夫 妇 图

酉卯午子 四 乾坤艮巽	癸丁辛乙 九 寅申巳亥	壬丙庚甲 二 辰戌丑未
亥巳申寅 三 乙辛丁癸	壬丙庚甲 五 辰戌丑未	巽艮坤乾 七 子午卯酉
壬丙庚甲 八 辰戌丑未	巽艮坤乾 一 子午卯酉	癸丁辛乙 六 亥巳申寅

一四七為天元，即前圖三才為一例；二五八為地元，即前圖父母為一例；三六九為人元，即前圖兄弟為一例。經云：二十四龍管三卦，莫與時師話，即此是也。

如坐家是天元，即龍水亦是天元，斯為不出卦而吉，若不是同元，即為出卦而凶，所以要天元來龍，坐家與水口亦要天元；地元來龍，穴與來水亦要地元；人元來龍，穴與來水亦要人元，即兼加亦要同元。如來龍是天兼地，坐向亦要天兼地，看龍是兼何元，立向即隨之，至去水亦須如是，其餘類推。

真夫婦圖是各元之配合各元之同氣也。如一四七為一卦，是天元之一卦，一卦有八神，八神則分四神屬陽、四神屬陰，陽即是夫，陰即是婦。乾坤艮巽天元夫，子午卯酉天元婦；甲庚壬丙地元夫，辰戌丑未地元婦；寅申巳亥人元夫，乙辛丁葵人元婦。此是二十四山之陰陽，所謂山龍水龍即此陰陽也。以陰山為水龍，以陽山為山龍，即以先天用九宮掌挨排者，即本此陰陽分為順逆兩挨。山龍即是陽山，在穴前一位順排而去；水龍即是陰山，在穴後一位逆排而去。如坎一坐家是壬乃陽山也，是山龍，在九宮穴前一位二數起安排先天八卦，若坐家是子，乃陰山也，是水龍，在九宮穴後一位九數起安排先天八卦，看乾坤坎離在於何宮，山水交媾陰陽對待此是也。

陰陽交媾圖

戴公圖訣坎離交媾即是此圖。

此圖順挨二十山四總圖

坤 3　乾 5 艮 2　兌 6 坎 1　離 7 巽 9　震 8	坤 8　乾 1 艮 7　兌 2 坎 6　離 3 巽 5　震 4	坤 1　乾 3 艮 9　兌 4 坎 8　離 5 巽 7　震 6
坤 2　乾 4 艮 1　兌 5 坎 9　離 6 巽 8　震 7		坤 6　乾 8 艮 5　兌 9 坎 4　離 1 巽 3　震 2
坤 7　乾 9 艮 6　兌 1 坎 5　離 2 巽 4　震 3	坤 9　乾 2 艮 8　兌 3 坎 7　離 4 巽 6　震 5	坤 5　乾 7 艮 4　兌 8 坎 3　離 9 巽 2　震 1

此圖逆挨二十山四總圖

坤 5　乾 3 艮 6　兌 2 坎 7　離 1 巽 8　震 9	坤 1　乾 8 艮 2　兌 7 坎 3　離 6 巽 4　震 5	坤 3　乾 1 艮 4　兌 9 坎 5　離 8 巽 6　震 7
坤 4　乾 2 艮 5　兌 1 坎 6　離 9 巽 7　震 8		坤 8　乾 6 艮 9　兌 5 坎 1　離 4 巽 2　震 3
坤 9　乾 7 艮 1　兌 6 坎 2　離 5 巽 3　震 4	坤 2　乾 9 艮 3　兌 8 坎 4　離 7 巽 5　震 6	坤 7　乾 5 艮 8　兌 4 坎 9　離 3 巽 1　震 2

　　書云：天卦江東掌上尋，知了值千金，地畫八卦誰能會，山水水相對。楊公說個團團轉，一左一右兩分張，此訣看山水之交媾也。

　　又以開門放水，丑艮寅三山順挨在離起乾逆排在兌起乾一，離兌二卦，是乾坤交，坤與中宮，系坎離交，故放水，有在天井

中間放也，餘仿此！

　　上二圖乃是以九宮掌排二十四山也，順排穴前一位，逆排穴後一位，以先天八卦在九宮挨排。

　　看入首一節之龍與去水之方二者有配合交媾否，如何是交媾？如坎一卦是坐家，順排是在二起乾、三兌、四離、五震、六巽、七坎、八艮、九坤，若逆排乾在九至八兌、七離、六震、五巽、四坎、三艮、二坤，若坎一坐穴，四巽龍入首，七兌水去，立坎一穴，是坎離配對，既是陰陽交媾，使四巽龍入首。

　　又如坤二龍入首，九離水去口，立坎一穴，是乾坤配對，即是陰陽交媾。使四巽龍入首，八艮水去口或九離水去口，固無配合，即坤二水去口，亦非正配也。

　　如坤二龍入首，若三震水去口，固無配合，即巽四水去口亦有正配，山水無交媾，斷無結地，即或結穴，仍非吉地，此看陰陽交媾山水配合。時師所未有之訣也。縱有之亦鮮矣。辯正書云：立穴動靜中間求者此也；所謂客在西兮主在東者此也；所謂陽水陰山相配合者此也。是為真雌雄真交媾，除此之訣外，無妙法矣！

玄空下卦廿四山總圖

玄空下卦圖廿四山總圖					
巽四入中		離九入中		坤二入中	
四	五	四	一	四	三
三	六	三	二	三	四
二	七	二	三	二	五
一	八	一	四	一	六
九	九	九	五	九	七
八	一	八	六	八	八
七	二	七	七	七	九
六	三	六	八	六	一

震三入中		兌七入中	
四	四	四	八
三	五	三	九
二	六	二	一
一	七	一	二
九	八	九	三
八	九	八	四
七	一	七	五
六	二	六	六

此圖以九宮掌挨排之數也，在左一邊是九宮之數右一邊是入中逆排飛出在九宮之數。右邊之數，二十四山附此數以安之，但要看是何元入中，即以本元附其數。如一入中，坎一之數，若子山坐穴，即以巽附二數，以卯附三數；若壬穴，以巳附二，以乙附三。

艮八入中		坎一入中		乾六入中	
四	九	四	二	四	七
三	一	三	三	三	八
二	二	二	四	二	九
一	三	一	五	一	一
九	四	九	六	九	二
八	五	八	七	八	三
七	六	七	八	七	四
六	七	六	九	六	五

　　元空下卦乃是將坐家一卦之數在九宮中五挨起，逆行九宮，看挨到各宮得何數，即以九星附之，如子山坐坎卦，是以一數入中五，挨到巽宮是二數，二數是貪巨祿三星，即以此三星安在巽宮，且子山屬水龍，則逆安貪巨祿，三星巳是貪、巽是巨、辰是祿也。又子山九數到乾，九數是破輔弼三星，但子龍是水龍，則破輔弼三星猶順安。故戌是破、乾是輔、亥是弼，即以九星附其數，則各宮值何星亦有定矣，看各宮來龍、來水、去水值何星，以判本山吉凶，二十四山龍水俱要得吉星，即去水之位，亦要得值吉星，始為吉地，惟輔弼二星需在龍水兩旁相夾，不可正到其位，即去水亦然。至文曲武曲，惟輔夾龍而來也，斷論詳明看後便識〖甲癸申是貪，子卯未是祿，坤壬乙是巨〗。

　　上論一二三方例貪狼，一數固是值貪，即二三數亦值貪；二固是巨，即三與一亦值巨；三固是祿，即一二數亦是祿。餘七八九、四五可類推也。〖一二三上元吉星，七八九下元吉星，文曲武曲在中元四六兩位〗。

龍分陰陽逆挨九星圖

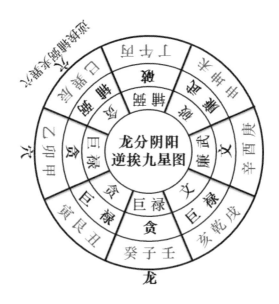

　　繪此廿四宮為廿四山挨九星也，挨九星先觀龍入首一節是進交到穴抑或退交入穴。如子龍結艮穴是進交，艮龍結子穴是退交。如進交則逆挨九星，退交則順挨九星，專取貪狼入穴或輔弼二星夾穴，乃是吉星入穴也。所云取得貪狼成五吉，又云取得輔弼成五吉，即此是也。但在此二十四宮排九星，須要隔一位然後挨一星，其起星之法，在龍上起貪，觀其是貪到穴或輔弼夾穴也，此在龍上起貪之一法也，又就在龍前三位後三位起貪者，如進交則在龍前三位逆排九星，退交則在龍後三位順排九星，亦是取貪到穴輔弼夾穴也。

　　如子龍入首結巽穴，得輔弼夾穴，若結卯穴得貪狼穴，此在龍上起貪之挨星也。如在龍上前三位，則在艮位起貪，挨到巽是貪狼入穴，內層九星是龍前三位挨星，外層九星在龍上挨星，此圖是逆排九星也！

龍分陰陽順挨九星圖

此廿四宮圖是順挨九星也，內層九星是在龍後三位挨出之九星，外層九星是在龍上挨出之九星，內層挨得貪狼一星入穴，外層九星挨得輔弼二星夾穴，此是順排九星得吉星到穴也，其餘各龍結各穴本此數推。

此圖與前一圖在龍之本宮起貪狼，又在龍之前三位，龍之後三位起貪本是一訣。如在龍挨星無吉星到穴，便不是吉穴矣！在龍上無吉星入穴，然後在龍之前後挨排，不是兩訣也！

注：原卷自以下接中縫計六十龍，掌四柱五行相逢數陰陽文破圖上俱有，戴故只抄陰陽文破耳。

立成文破陽局圖

〖此中五是破軍〗亦即辨正圖訣之北斗七星左旋圖也！

　　排六十花甲如何作用，乃是卜山何年興發之訣，定山之興發，先論元運，如山本即得運矣，未知何年應驗，須以此訣定其在何年，應在何事之福澤。若排到那宮相逢，看其是龍是水，抑或是水口或是高峰。如果相逢花甲之宮，是龍水與水口星峰在此宮，定在此年應驗。

　　文破二星是在本山生旺之位，故取此二星。如坎卦之山以巽兌為生旺之位，即文破亦在巽兌兩宮，是以取此二宮相逢之數以為斷也。至相逢之數有幾多，即以此斷應驗之期。

立成文破陰局圖

〖此中五是文曲〗即辨正圖訣中之北斗七星右旋圖也！

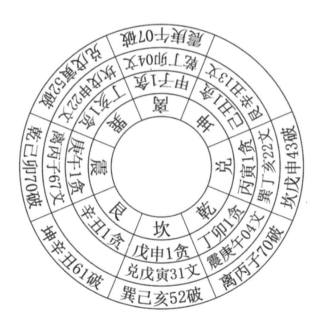

此圖是逆排九星圖中干支之數，亦是陰局相逢所挨排而成，不是另有排挨而取文破二星也，陽局文破與此圖陰局文破俱是斷應驗之期。看文破兩宮是多少數相逢，即以此相逢之期以為斷。

再續：

福星貴人例：

甲虎〔寅〕乙豬牛，丙同犬鼠遊；丁雞戊猴走，己羊庚馬頭；辛蛇癸愛兔，壬獨佔虎頭。

天官貴人例：

甲日逢雞乙猴家，丙尋鼠子錦添花。丁豬戊兔己虎位，庚壬同馬辛癸蛇。

戴錫倫為羅定起文昌廟日課：

壬午　壬寅　壬戌　戊申　　　文昌廟坐癸兼子。

【金偉補注：一百四十四圖龍水城門局】

龍水城門是龍與水合十相對，由下卷的四十八圖龍水城門可知，以坐穴為立極點，左右各135度來龍（水在龍的對宮位合十，如子龍午水，亥龍巳水等），則有四十八圖龍水城門。由續卷的城門定穴高低左右十字些子總圖得知，以坐穴為立極點，左右各90度來龍則又是四十八圖龍水城門。由續卷的天卦（元）人卦（元）地卦（元）結穴些子圖得知，以坐穴左右各45度來龍則又是四十八圖來龍城門，共計一百四十四個龍水城門圖。

一百四十四局龍水城門訣

以下龍水城門立成共有144圖定式，乃以十二宮掌挨星配龍水立穴收五吉。其龍水進退，穴向城門，俱兩兩相對，正十字天心，云：有玄微即此也。穴必得輔弼夾穴或穴得貪狼入穴，凡穴是貪狼者，必是弼巨夾穴。雖殊屬勉強，然縱觀此法，但凡一切龍穴向水城門必100%合玄極門48局內門數理的五吉位。用內門數理兼加之法則五吉全收（48局內門數理即"五星配出九星名"，"唯有挨星最為貴"只傳入室弟子，諮詢電話：金偉，13398581016）。

內門數理兼加之法比"山水圖"更進一層，以下城門訣只披露少數兼加法則。

144圖城門訣包括以下內容：

乾坤大挪移（後天來龍先天向）

乾入坎：42圖，90圖，138圖　　兌入乾：36圖，84圖，132圖

離入兌：28圖，76圖，124圖　　震入坤：17圖，65圖，113圖

巽入艮：19圖，67圖，115圖　　坎入震： 4圖，52圖，100圖

艮入巽：10圖，58圖，106圖　　坤入離：39圖，87圖，135圖

還包括先天來龍後天向的內容（如乾入坤，後天乾來龍是先天艮，立坤山艮向，先天艮來龍立後天艮向。巽入震，先天兌龍立後天兌向）

乾入坤宮坎入艮，艮龍一去向是震，震入坎兮兌入離，

離歸巽位巽入震，須知乾祖不離坤，八龍八向有水定。

通根訣收水化煞（俗稱正城門，經正例）合連山卦。

經正例：

子巽午乾真夫婦，艮酉坤卯是寶珍，

丙戌雌雄甲交未，丑庚一卦接壬辰。

癸巳居同丁亥裡，辛寅乙申本是真。

龍起龍來龍取向，坐山來去水同分。

甲未54圖，卯坤6圖，乙申102圖，　　未甲93圖，坤卯45圖，申乙141圖

庚丑18圖，酉艮30圖，辛寅126圖，　　丑庚69圖，艮酉21圖，寅辛117圖

壬辰90圖，子巽42圖，癸巳138圖，　　辰壬81圖，巽子33圖，巳癸129圖

丙戌66圖，午乾，18圖，丁亥114圖，　戌丙57圖，乾午9圖，　亥丁105圖

龍起龍來龍取向，坐山來去水同分。以龍取向又是24圖，如

甲龍未向等。

　144圖城門訣還有副城門（緯橫例）等內容，可以自己去尋找。

緯橫例：

　　乾卯子坤易中天，艮午酉巽又相逢。
　　甲戌辰庚名地龍，丑丙未壬見雌雄。
　　寅丁申癸同相配，辛巳乙亥自相同。
　　來龍論向河洛情，坐山放水在其中。

　　來龍論向是24局，如乾龍卯向（第3圖酉山卯向）等，坐山放水也是24局，如乾山卯水城門（36圖）

　　乾入坎和坎山巽水的通根訣雖有重複，但144圖的城門訣是沒有重複的，見144城門總圖。

　　144圖城門訣（龍水合十）所包括的下列格局中，龍山向水綜合運用，至少有90%以上是屬於四十八局乾坤坎離交媾。100%合乎五吉位。如壬戌，壬山丙向戌龍辰水或壬龍丙水戌山辰向，一六共宗，四九為友，四十八局又自合五吉位，但有辛水來則為破局。此144圖龍水城門訣包括了所有的先天來龍後天向，後天來龍先天向，龍山向水合生成之數等等龍水合十的所有格局，也還包括以下格局：

　　三元正夫婦交媾（主催貴催官）河圖生成數，壬戌癸亥子乾謀，申辛坤酉未庚求，丙辰巽午丁巳媾，艮卯寅乙丑甲流，以龍交坐向交口，定為三元祖地有。

　　三元反夫婦交媾催財：壬丑子艮癸寅良，甲辰卯巽乙巳芳，丙未午坤丁申配，庚戌酉乾辛亥揚，以龍交坐向口水，定為三元祖宅昌。

　　三元先後天夫婦交媾：戌丑乾艮亥寅通，壬未子坤癸申逢，丑甲艮卯寅乙配，甲丙卯午乙丁中，辰庚巽酉巳辛交，丙戌午乾

300

丁亥用，未辰坤巽申巳媾，庚壬酉子辛癸宗，師傅傳與掌訣法，簡妙運用變無窮，三元多少成祖地，變化交媾大妙用。

三元混合夫婦交媾：乙申乾午丙戌通，辛寅巽子甲未逢，丁亥艮酉庚丑合，癸巳坤卯壬辰宗，龍穴水口可混用，其是夫婦細用功，其是三元混合所用，以龍交坐以向交口，或交來水均能成大祖地也。

顛倒夫婦交媾：乙亥乾卯丙丑良，辛巳巽酉甲戌芳，丁寅艮午庚辰配，癸申坤子壬未昌。

三八納夫婦交媾：乾午巽子乾卯巽酉艮西坤卯艮午坤子。丙戌壬辰丙丑壬未，甲未庚丑甲戌庚辰。乙申辛寅乙亥辛巳丁亥癸巳丁寅癸申。

十字天機夫婦交：四維，乾坤天地定位中，先天後天艮乾通。巽乾四六一九數，乾坤艮巽十字逢。八卦一卦三山用，精究妙法要用功。四正：坎卦先天兌後天，離先震後要相見。坎離一九四六數，東南西北十字連。八卦一卦管三山，得訣妙用有久遠。十字夫婦交媾榮。

玄極門龍水城門訣144局總圖

五星一訣非真術，城門一訣最為良

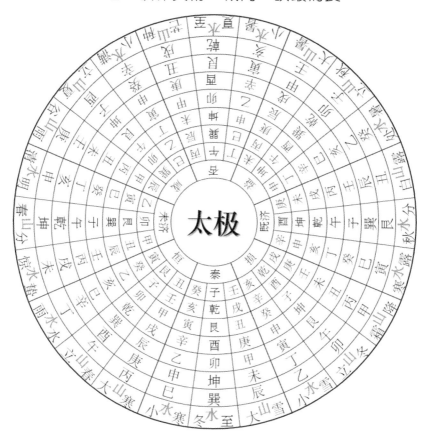

　　此圖龍水城門144總局，此144圖龍水城門訣包括了所有的先天來龍後天向，後天來龍先天向，龍山向水合生成之數，三元正夫婦交媾（俗稱正交），三元反夫婦交媾（俗稱反交），三元先後天夫婦交媾，三元混合夫婦交媾，顛倒夫婦交媾，三八納夫婦交媾，十字天機夫婦交媾等等龍水合十的所有格局，所有的144局龍山向水全部歸於48局挨星秘圖表訣內，**也就是說這144圖龍水城門只是四十八局的冰山一角，天下的山水不一定都是龍水合**

十，並且天下的山水沒有絕對的一卦純清，所以挨星本源是四十八局，即五星配出九星名。當然了此144圖龍水城門100%吻合吉星12689。（內層是先天八卦顛倒圖而合卦）以子山為例，左邊三個有艮龍坤水，卯龍酉水，巽龍乾水，右邊三個有乾龍巽水，酉龍卯水，坤龍艮水，計六個，依次類推，二十四山則有144局。外層是真夫婦山水相兼加訣。

一六掌：如子龍結艮穴是進交，艮龍結子穴是退交。如進變則逆挨九星，退交則順。排九星，專取貪狼入穴或輔弼三星夾穴，乃是吉星入穴也，所云"取得貪狼成五吉"，又云"取得輔星成五吉"即此是也。但在此二十四宮排九星，須要隔一位然後挨一星，其起星之法，在龍上起貪，觀其是貪到穴或輔弼夾穴也，此在龍起貪，一法又有在龍前三位後三位起貪者，如進交則在龍前三位逆排九星，退交則在龍後三位。順排九星，亦是取貪到穴輔弼夾穴也。如子龍入首結巽穴得輔弼夾穴。若結卯穴得貪狼入穴，凡穴是貪狼者，必是弼局夾穴。貪巨武輔弼是五吉夾穴。此應龍上起貪挨星，如在龍前三位，在艮位起貪，挨到巽是貪狼入穴。

金偉：前後順序，如壬子癸丑艮寅，見羅盤方位壬與丑，丑在前，壬在後，順時針為前，逆時針為後。子山為例，左邊巽龍卯龍從龍上起貪順行，右邊坤龍酉龍從龍上起貪逆行，到穴自然是輔弼夾穴或穴是貪狼（弼巨夾穴）。左邊艮龍則順行三位到卯起貪，順行到子是貪。右邊乾龍則逆行三位到酉起貪，逆行數至子是貪狼。其他天地人同此推。是以龍定穴法。

（1）子癸龍酉穴卯水午丁城門，從龍上起貪順挨，取弼巨夾穴而成五吉。龍與穴坎入坎（酉是先天坎），向與城門離入離（卯是先天離），48局內門數理龍98山9向6城門98，12689為五吉。

（2）子龍坤穴艮水午城門，從龍上起貪，順挨輔弼夾穴而成五吉之局。龍與穴是坤入坤（子是先天坤），玄極門48局內門數理，龍1穴9向1城門9，12689是五吉。

（3）乾龍酉穴卯水巽城門，是退交，退交則在龍後三位順排九星，亦是取貪到穴。弼巨夾穴。穴與水是先後天兌相見，合坎離交媾，玄極門48局內門數理龍1穴9向6城門1是五吉位。

（4）子龍卯穴酉水午城門，從龍上起貪逆挨，取弼巨夾穴
而成五吉。

來龍子癸，坐入卯乙，朝向酉辛，水出午丁。合龍合向合城
門，先後相見，四正龍格，不犯四隅為吉。後天坎卦發龍本是先
天坤位，轉入後天震卦結穴，向亦先天坎位，為坎見坎，亦先後
相見。源流水或朝或去，總歸離卦城門，俱合圖法。經云："依
圖立向不差分，父發子傳榮。"又合"子午卯酉四山龍，支兼干
出最豪雄。"山勢行龍不一，有直有橫者，有倒結者，四正之水
莫犯四隅為吉。坎入震也。玄極門48局內門數理：龍98（弼輔）
穴9向1城門12（貪巨）合五吉位。

（5）子龍巽穴乾水午城門，從龍上起貪逆挨，取輔弼夾穴
而成五吉。此地多是回龍顧祖或盤龍穴，16共宗，49為友，玄極
門48局內門數理紫白同輝。。

（6）艮龍與向酉通根，穴卯與城門通根，且38為朋，27同
道，乾坤交媾，少陰少陽相配，玄極門內門數理龍6穴9向1城門
12（貪巨），12689是五吉位。

（7）丑艮龍乾穴巽水未坤城門，從龍上起貪順挨，取巨弼夾穴而成五吉。

向與城門是先後天巽相見，要向上有水可用，玄極門內門數理龍89穴6向9城門21（貪狼兼巨門）五吉全收。12689為五吉。

（8）艮龍酉穴卯水坤城門，從龍上起貪順挨，取輔弼夾穴而成五吉。玄極門內門數理：龍6穴9向6城門1，貪巨武輔弼合五

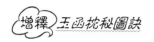
吉位。

（9）子龍乾穴是退交，在龍前三位起貪順行，到結穴是貪狼入穴，弼巨夾穴成五吉。

　　龍向通根，穴與城門通根，且合坎離交媾及一六共宗，四九為友。玄極門內門數理：龍6穴6向9城門1，是五吉位。

（10）艮龍巽穴乾水坤城門，從龍上起貪逆挨，取巨弼夾穴而成五吉。

來龍丑艮，坐入巽，朝向乾，水出未坤，合龍合水合向三吉位，或朝或去俱歸坤卦則是。別卦則非。後天艮卦發脈，本是先天震卦。轉入巽結穴，向亦先天艮位，要知先後相見，詳明無形雌雄之妙，合之則吉。艮入巽也。玄極門內門數理龍6穴1向9城門9合五吉之數。

（11）艮龍午穴子水坤城門，從龍上起貪逆挨，取輔弼夾穴而成五吉。玄極門內門數理龍1穴6向6城門9，合五吉位。

（12）卯龍巽穴是進交，在龍後三位起貪，結穴是貪狼，弼
巨夾穴。巽與城門酉是先後天兌相見，玄極門內門數理：龍6穴1
向9城門1五吉位。

（13）卯龍子穴午水酉城門，從龍上起貪順挨，取弼巨夾穴而成五吉。

來龍卯乙，坐入子向午，水出酉辛，始合圖法訣旨。或水朝水去總歸兌卦城門，其地必真。後天震卦出脈，轉入子結穴，向亦後天離卦，為離見離，先後相見。正合天玉挨加之法，經云"子午卯酉四龍崗，作祖人財旺。"玄極門內門數理合十四進神位。

（14）卯龍乾穴巽水酉城門，從龍上起貪順挨，取輔弼夾穴而成五吉。此局巽水流通酉城門是先後天兌相見。玄極門內門數理：龍9穴6向9城門1五吉位。

（15）艮龍子穴是退交，在龍前三位起貪順行，到結穴是貪狼，弼巨夾穴。玄極門內門數理紫白同輝。

（16）卯龍午穴子水酉城門，從龍上起貪逆挨，取巨弼夾穴而成五吉。龍與穴是先後天離相見，向與城門是先後天坎相見。玄極門內門數理龍9穴6向6城門9。

（17）卯龍坤穴艮水酉城門，從龍上起貪逆挨，取輔弼夾穴而成五吉。此局是震入坤局，龍與穴通根合乾坤交媾，向與城門通根。玄極門內門數理合十四進神。

（18）巽龍午穴是進交，在龍後三位起貪，結穴是貪狼，弼巨夾穴。

　　龍穴合四九為友，向水是一六共宗，老陽老陰相配。又合通根，還有在48局中是先天坎離交媾。玄極門48局內門數理：龍1穴6向6城門1五吉位。

　　（19）巽龍艮穴寅水乾城門，從龍上起貪順挨，取弼巨夾穴而成五吉。來龍辰巽，坐入艮，朝向坤，水出戌乾。始合八卦陰陽挨星訣法。為巽見巽，先後相見，得口傳心授亦貫通焉。後天巽卦發龍，轉入艮結穴，向亦先天巽卦，先後相見，若得水出戌乾，其地必真，定是富貴悠久之地。其中行龍不一，到頭二三節定能清純不雜，若雜氣有損傷。經云"來龍不雜百里長，幾星特起結平崗，周圍纏護來數裡，內寬聚氣出朝郎。"是巽入艮也。玄極門內門數理紫白同輝。

（20）巽龍子穴午水乾城門，從龍上起貪順挨，取輔弼夾穴而成五吉。此局多結回龍顧祖或盤龍形，玄極門內門數理：龍9穴1向1城門6五吉位。

（21）卯龍艮穴是退交，在龍前隔三位起貪順行，結穴是貪狼，弼巨夾穴。此局是震入震局（艮是先天震），龍穴合三八為朋，向與城門二七同道，龍向通根，穴與城門通根，在48局中城門合先天乾坤交媾，玄極門內門數理龍1穴1向9城門1是五吉位。

（22）巽龍坤穴艮水乾城門，從龍上起貪逆挨，取巨弼夾穴而成五吉。來龍辰巽，坐入坤，朝向艮，水出戌乾。俱合圖法，若水對出，總歸巽而由乾出。經云"水合城門須要會，卻與湖裡雁交鵝。"來龍後天巽卦，亦是先天兌位，轉入坤卦落穴，坤為先天巽位，為巽入巽，先後相見。經云"乾坤艮巽天然穴，水來當面是真龍。"又云"乾坤艮巽脈過凹節之同行不混爻，若得遠來龍脫劫，發福無休歇。特見陽神三折朝，此地出官僚。玄極門內門數理紫白同輝。

（23）巽龍酉穴卯水乾城門，從龍上起貪逆挨，取輔弼夾穴
而成五吉。龍與穴合先後天相見，是兌入兌，玄極門內門數理：
龍9穴9向1城門6五吉位。

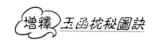

（24）午龍坤穴是進交，在龍後隔三位起貪逆排，結穴是貪狼，弼巨夾穴。午龍是先天乾，與後天坤交，城門子是先天坤，若有酉水到則不忌流破先天位。玄極門內門數理：龍9穴1向9城門6五吉位。

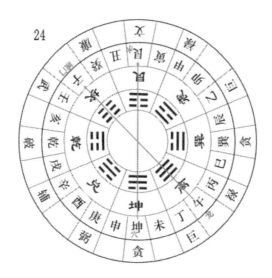

（25）午龍卯穴酉水子城門，從龍上起貪順挨，取弼巨夾穴而成五吉。龍與穴是離入離（卯是先天離，向與城門是坎入坎（兌是先天坎）玄極門內門數理龍9穴9向6城門9。

（26）丙午龍艮穴坤水壬子城門，從龍上起貪逆挨，取輔弼夾穴而成五吉。玄極門內門數理龍12穴9向1城門98合五吉位。

（27）巽龍卯穴酉水乾亥是退交，在龍前隔三位起貪順行，結穴是貪狼，弼巨夾穴。龍與向是兌入兌，城門合坎離交媾，玄極門內門數理：龍1穴9向6城門12貪巨合化輔弼（內門秘訣）。若有午丁水來可三元不敗。

（28）午丁龍酉穴卯水子癸城門，從龍上起貪逆挨，取巨弼夾穴而成五吉。

龍與向是離入離，穴與水是坎入坎，且是離入兌也。又是48局先天坎離交媾。玄極門內門數理：龍98穴9向1城門12，五吉全收，三元不敗。

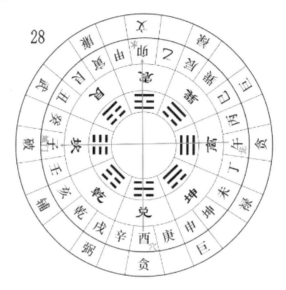

（29）丙午龍乾穴巽水壬子城門，從龍上起貪順挨，取輔弼夾穴而成五吉。此局發福悠久，玄極門內門數理：丙午龍89輔弼穴1向9城門12貪巨五吉全收。

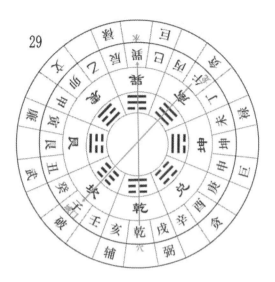

（30）坤龍酉穴是進交，在龍後隔三位起貪逆行，結穴是貪狼，弼巨夾穴。

龍穴向城門合二七三八生成之道，少陽少陰相配，乾坤交媾之道。玄極門內門數理：龍6穴9向1城門1，用兼加之法可五吉全收，若收巽巳山水也是五吉全收。

（31）坤龍巽穴乾水艮城門，從龍上起貪順挨，取弼巨夾穴而成五吉。玄極門內門數理：龍9穴6向9城門1，五吉位。

（32）坤龍卯穴酉水艮城門，從龍上起貪順挨，取弼輔夾穴而成五吉。玄極門內門數理：龍6穴9向6城門1。

（33）午龍巽穴乾水子城門是退交，在龍前隔三位起貪順行，結穴是貪狼，弼巨夾穴。

龍與穴四九合生成，向與城門一六共宗，老陽老陰又坎離交媾，玄極門內門數理：龍6穴6向9城門貪巨合輔弼，五吉全收。

（34）坤龍乾穴巽水艮城門，從龍上起貪逆挨，取巨弼夾穴而成五吉。巽水流入艮城門是巽入艮，玄極門內門數理：龍6穴1向9城門9，坎或震卦有水五吉全收。

（35）坤龍子穴午水艮城門，從龍上起貪逆挨，取弼輔夾穴而成五吉。玄極門內門數理：龍1穴6向6城門9。

（36）酉龍乾穴是進交，在龍後隔三位起貪逆行，結穴是貪狼，弼巨夾穴。來龍酉，坐入乾，朝向巽，水出甲卯，正合挨加之法。先後相見，福祿永貞。經云"依圖立向不差分，父發子傳榮。"後天兌卦發脈，轉入乾結穴，向亦先天兌卦，為兌見兌，亦先後相見。又得陰陽交媾，水歸卯乙，正合八卦城門鎖住正氣。經云"若能識得城門訣，立宅安墳定吉昌。"又云"後天來龍先天向，葬後人財旺。""震水制伏巽離星，富貴達京城。"山中龍法水法無不皆然。兌入乾也。玄極門內門數理：龍6穴6向9城門貪巨合輔弼五吉全收。

（37）酉辛龍午穴子水卯乙城門，從龍上起貪順挨，取弼巨夾穴而成五吉。龍與向是先後天坎相見，穴與城門先後天離相見，玄極門內門數理：龍98酉兼辛是兼輔穴1向1城門輔弼。

（38）酉龍巽穴乾水卯城門，從龍上起貪順挨，取弼輔夾穴而成五吉。內門數理169。

（39）坤龍午穴是退交，在龍前隔三位起貪順行，結穴是貪狼，弼巨夾穴。來龍未坤，坐入午，朝向子，水出丑艮。但合挨加之法只有此四隅龍與四正相向，後有經文解注明白。後天坤位出脈，本是先天巽位，轉入後天離卦結穴，向上先天坤卦。正合楊公經云"坤山坤向水流坤，富貴永無休。"其餘內中千山萬水，總歸艮卦而出，所謂"城門一訣最為良"又云"識得五星城門訣，立宅安墳大吉昌"若論此一局，天下軍州大地世間亦所希見。坤入離也。玄極門內門數理五吉全收。

（40）酉龍子穴午水卯城門，從龍上起貪逆挨，取巨弼夾穴而成五吉。來龍酉(兌坎)，坐入子(坎坤)，朝向午，水出卯。正合埃加之法，又合先後天相見，或水對出亦可，四正還四正，不犯四隅差錯。後天兌卦發龍，卻是先天坎位。轉入子結穴，謂之坎入坎，先後天相見。或朝水或去水皆不定之位，天水口訣要歸卯乙出，為八國城門鎖住正氣，合龍合向合水，俱合三吉。依此圖法葬之，配合風水乘元得法，傾刻有魚龍變化之徵。倘元運不合，葬之平安。日後待當元大發。玄極門內門數理紫白同輝，有巽巳山水則五吉全收。

（41）酉龍艮穴坤水卯城門，從龍上起貪逆挨，取弼輔夾穴而成五吉。玄極門內門數理紫白同輝。

41

（42）乾龍子穴午水巽巳城門是進交，在龍後隔三位起貪逆行，結穴是貪狼，弼巨夾穴。來龍乾，坐入子向午，水出巽。正合天玉經，又合四隅龍格，又與四正配合。向上水有妙法，解句明晰。後天乾卦發龍，本是先天艮位，轉入後天子坎卦結穴，向上亦先天乾卦。楊公經云"乾山乾向水流乾，乾峰出狀元。"若內中千山萬水總歸巽卦城門，此合大地。若水出在他卦支上，非，地不吉。此一局四隅龍格故有四隅之水。又合天元一氣。然此合卦狀元大地天下有幾處哉？非厚德安能得之。乾入坎也。玄極門內門數理貪巨合輔弼，並五吉全收。

（43）乾龍坤穴艮水巽城門，從龍上起貪順挨，取巨弼夾穴
而成五吉。艮水流入巽卦城門是艮入巽也，玄極門內門數理：紫
白同輝.震卦山水則五吉全收。

(44)乾龍午穴子水巽城門，從龍上起貪順挨，取弼輔夾穴而
成五吉。內門數理含16之數。

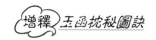

（45）酉龍坤穴是退交，在龍前隔三位起貪順行，結穴是貪狼，弼巨夾穴。龍與穴合二七同道，向與城門三八為朋，合少陽少陰交媾。玄極門內門數理含五吉位。

（46）乾龍艮穴坤水巽城門，從龍上起貪逆挨，取巨弼夾穴而成五吉。來龍戌乾，坐入丑艮，朝向未坤，水出辰巽。或水去水朝，亦總合歸巽門。正合楊公水法，先後天相見。後天乾卦發龍，卻是先天艮位。轉入後天艮卦結穴，謂之艮入艮。或乾巽結穴亦可，先後相見。水出辰巽巳總歸大城門，鎖住正氣。合青囊"孟仲季山無雜亂，數產人龍上九重"。又云："乾坤艮巽號禦街，四大尊神在內排，生剋先憑五行布，要識天機玄妙處。"玄極門內門數理含19。

（47）乾龍卯穴酉水巽城門，從龍上起貪逆挨，取弼輔夾穴而成五吉。內門數理屬五吉位。

（48）子龍艮穴坤水午城門是進交，在龍後隔三位起貪逆行，結穴是貪狼，弼巨夾穴。

龍與向是先後天坤相見，城門合乾坤交媾。內門數理含19。

（49）壬龍庚穴甲水丙城門，從龍上起貪順挨，取巨弼夾穴而成五吉。龍與穴坎入坎（庚是先天坎），向與城門離入離（甲是先天離）玄極門48局內門數理紫白同輝。

（50）壬龍未穴丑水丙城門，從龍上起貪順挨，取弼輔夾穴而成五吉。龍與穴是坤入坤(壬是先天坤），玄極門內門數理含19。

（51）戌龍庚穴是退交，在龍前隔三位起貪順行，結穴是貪狼，弼巨夾穴。內門數理含169。穴與水是先後天兌相見，合坎離交媾，玄極門48局內門數理屬五吉位。

（52）壬龍甲穴庚水丙城門，從龍上起貪逆挨，取巨弼夾穴而成五吉。來龍壬，坐入甲向庚，水出丙。合龍合向合城門，先後相見，後天坎卦發龍本是先天坤位，轉入後天震卦結穴，向亦先天坎位，為坎見坎，亦先後相見。源流水或朝或去，總歸離卦城門，俱合圖法。經云：「依圖立向不差分，父發子傳榮。」山勢行龍不一，有直有橫者，有倒結者，四正之水莫犯四隅為吉。坎入震局，內門數理紫白同輝。

（53）壬龍辰穴戌水丙城門，從龍上起貪逆挨，取弼輔夾穴而成五吉。此地多是回龍顧祖或盤龍穴，16共宗，49為友，內門數理含19。

（54）丑龍甲穴庚水未城門是進交，在龍後隔三位起貪逆行，結穴是貪狼，弼巨夾穴。丑龍與向庚通根，穴甲與城門通根，且38為朋，27同道，乾坤交媾，少陰少陽相配，內門數理合十四進神。

（55）丑龍戌穴辰水未城門，從龍上起貪順挨，取巨弼夾穴而成五吉。向與城門是先後天巽相見，內門數理和十四進神。

（56）丑龍庚穴甲水未城門，從龍上起貪順挨，取弼輔夾穴而成五吉。內門數理合十四進神。

（57）壬龍戌穴是退交，在龍前隔三位起貪順行，結穴是貪狼，弼巨夾穴。

龍向通根，穴與城門通根，且合坎離交媾及一六共宗，四九為友。內門數理兼加之法含12689。

　　（58）丑龍辰穴戌水未城門，從龍上起貪逆挨，取巨弼夾穴
而成五吉。來龍丑艮，坐入辰，朝向戌，水出未坤，合龍合水合
向三吉位，或朝或去俱歸坤卦則是。別卦則非。後天艮卦發脈，
本是先天震卦。轉入辰結穴，向亦先天艮位，要知先後相見，詳
明無形雌雄之妙，合之則吉。艮入巽也。玄極門內門數理含
1689。

　　（59）丑龍丙穴壬水未城門，從龍上起貪逆挨，取弼輔夾穴
而成五吉。內門數理含五吉位。

（60）甲龍辰穴戌水庚城門是進交，在龍後隔三位起貪逆行，結穴是貪狼，弼巨夾穴。

辰與城門庚是先後天兌相見，內門數理含169。

60

（61）甲龍壬穴丙水庚城門，從龍上起貪順挨，取巨弼夾穴而成五吉。來龍甲，坐入壬，朝向丙，水出庚。始合圖法訣旨。或水朝水去總歸兌卦城門，其地必真。後天震卦出脈，轉入壬結穴，向亦後天離卦，為離見離，先後相見。正合天玉挨加之法。

61

（62）甲龍戌穴辰水庚城門，從龍上起貪順挨，取弼輔夾穴而成五吉。此局辰水流通庚城門是先後天兌相見。內門數理紫白同輝。

（63）丑龍壬穴是退交，在龍前隔三位起貪順行，結穴是貪狼，弼巨夾穴。

（64）甲龍丙穴壬水庚城門，從龍上起貪逆挨，取巨弼夾穴而成五吉。

龍與穴是先後天離相見，向與城門是先後天坎相見。內門數理169。

（65）甲龍未穴丑水庚城門，從龍上起貪逆挨，取弼輔夾穴而成五吉。此局是震入坤局，龍與穴通根合乾坤交媾，向與城門通根。內門數理19。

（66）辰龍丙穴壬水戌城門是進交，在龍後隔三位起貪逆行，結穴是貪狼，弼巨夾穴。

龍穴合四九為友，向水是一六共宗，老陽老陰相配。又合通根，還有在48局中是先天坎離交媾。內門數理合一六生成之數。

66

（67）辰龍丑穴未水戌城門，從龍上起貪順挨，取巨弼夾穴而成五吉。來龍辰巽，坐入丑，朝向未，水出戌乾。始合八卦陰陽挨星訣法。為巽見巽，先後相見，得口傳心授亦貫通焉。後天巽卦發龍，轉入丑結穴，向亦先天巽卦，先後相見，若得水出戌，其地必真，定是富貴悠久之地。其中行龍不一，到頭二三節定能清純不雜，若雜，地氣有損傷。經云"來龍不雜百里長，幾星特起結平崗，周圍纏護來數裡，內寬聚氣出朝郎。"巽入艮局，內門數理兼加五吉全收。

67

（68）辰龍壬穴丙水戌城門，從龍上起貪順挨，取輔弼夾穴而成五吉。此局多結回龍顧祖或盤龍形，玄極門內門數理169，用兼加之法五吉全收。

68

（69）甲龍丑穴未水庚城門是退交，在龍前隔三位起貪順行，結穴是貪狼，弼巨夾穴。此局是震入震局（艮是先天震），龍穴合三八為朋，向與城門二七同道，龍向通根，穴與城門通根，在48局中城門合先天乾坤交媾，內門數理19。

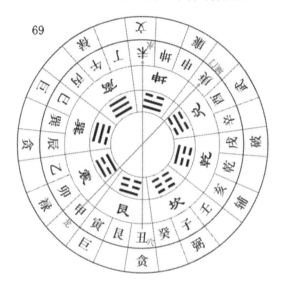

（70）辰龍未穴丑水戌城門，從龍上起貪逆挨，取巨弼夾穴而成五吉。來龍辰巽，坐入未，朝向丑，水出乾。俱合圖法，若水對出，總歸巽而由乾出。經云「水合城門須要會，卻與湖裡雁交鵝。」來龍後天巽卦，亦是先天兌位，轉入坤卦落穴，坤為先天巽位，為巽入巽，先後相見。若得遠來龍脫劫，發福無休歇。特見陽神三折朝，此地出官僚。內門數理用兼加之法五吉全收。

（71）辰龍庚穴甲水戌城門，從龍上起貪逆挨，取輔弼夾穴而成五吉。龍與穴合先後天相見，是兌入兌，玄極門內門數理用兼加之法五吉全收。

（72）丙龍未穴丑水壬城門是進交，在龍前隔三位起貪逆行，結穴是貪狼，弼巨夾穴。丙龍是先天乾，與後天未交，城門壬是先天坤，若有庚水到則不忌流破先天位。

（73）丙龍甲穴庚水壬城門，從龍上起貪順挨，取巨弼夾穴而成五吉。龍與穴是離入離（甲是先天離），向與城門是坎入坎（兌是先天坎）內門數理紫白同輝。

（74）丙龍丑穴未水壬城門，從龍上起貪順挨，取輔弼夾穴而成五吉。內門數理19之數。

（75）辰龍甲穴庚水戌城門是退交，在龍前隔三位起貪順行，結穴是貪狼，弼巨夾穴。龍與向是兌入兌，城門合坎離交媾，城門12貪巨合化輔弼（內門秘訣）。若再有丙午輔弼水來可借父母之力發福悠遠三元不敗。玄極門內門數理：12689。

（76）丙龍庚穴甲水壬城門，從龍上起貪逆挨，取巨弼夾穴而成五吉。龍與向是離入離，穴與水是坎入坎，且是離入兌局也。又是48局先天坎離交媾。玄極門內門數理五吉全收，三元不敗。

（77）丙龍戌穴辰水壬城門，從龍上起貪逆挨，取輔弼夾穴而成五吉。

此局多是回龍顧祖或盤龍穴，發福悠久，玄極門內門數理紫白同輝。

（78）未龍庚穴甲水丑城門是進交，在龍後隔三位起貪逆行，結穴是貪狼，弼巨夾穴。

龍穴向城門合二七三八生成之道，少陽少陰相配，乾坤交媾之道。玄極門內門數理用兼加之法可五吉全收，若收巽巳山水也是五吉全收。

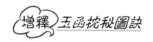

（79）未龍辰穴戌水丑城門，從龍上起貪順挨，取巨弼夾穴而成五吉。內門數理紫白同輝。

（80）未龍甲穴庚水丑城門，從龍上起貪順挨，取輔弼夾穴而成五吉。內門數理紫白同輝。

（81）丙龍辰穴是退交，在龍前隔三位起貪順行，結穴是貪狼，弼巨夾穴。

龍與穴四九合生成，向與城門一六共宗，老陽老陰又坎離交媾，玄極門內門數理：城門貪巨合輔弼，五吉全收。

（82）未龍戌穴辰水丑城門，從龍上起貪逆挨，取巨弼夾穴而成五吉。辰水流入未城門是巽入艮，玄極門內門數理：169。坎或震卦有水五吉全收。

（83）未龍壬穴丙水丑城門，從龍上起貪逆挨，取輔弼夾穴而成五吉。內門數理合十四進神。

（84）庚龍戌穴辰水甲城門是進交，在龍後隔三位起貪逆行，結穴是貪狼，弼巨夾穴。來龍庚，坐入戌，朝向辰，水出甲，正合挨加之法。先後相見，福祿永貞。經云"依圖立向不差分，父發子傳榮。"後天兌卦發脈，轉入戌結穴，向亦先天兌卦，為兌見兌，亦先後相見。又得陰陽交媾，水歸甲，正合八卦城門鎖住正氣。經云"若能識得城門訣，立宅安墳定吉昌。"又云"後天來龍先天向，葬後人財旺。""震水制伏巽離星，富貴達京城。"山中龍法水法無不皆然。兌入乾也。玄極門內門數理：城門貪巨合輔弼是下卦夫婦五吉全收。

（85）庚龍丙穴壬水甲城門，從龍上起貪順挨，取巨弼夾穴而成五吉。龍與向是先後天坎相見，穴與城門先後天離相見，玄極門內門數理19。

（86）庚龍辰穴戌水甲城門，從龍上起貪順挨，取輔弼夾穴而成五吉。內門數理紫白同輝。

（87）未龍丙穴是退交，在龍前隔三位起貪順行，結穴是貪狼，弼巨夾穴。

　　（88）庚龍壬穴丙水甲城門，從龍上起貪逆挨，取巨弼夾穴而成五吉。

　　來龍庚(兌坎)，坐入壬(坎坤)，朝向丙，水出甲。正合挨加之法，又合先後天相見，或水對出亦可，後天兌卦發龍，卻是先天坎位。轉入壬結穴，謂之坎入坎，先後天相見。或朝水或去水皆不定之位，天卦水口訣要歸甲出，為八國城門鎖住正氣，合龍合向合水，俱合三吉。依此圖法葬之，配合風水乘元得法，傾刻有魚龍變化之徵。倘元運不合，葬之平安。日後待當元大發。若有巽卦山水五吉全收。

　　（89）庚龍丑穴未水甲城門，從龍上起貪逆挨，取輔弼夾穴而成五吉。向上見水內門數理含19坎離之數。

89

（90）戌龍壬穴丙水辰城門是進交，在龍後隔三位起貪逆行，結穴是貪狼，弼巨夾穴。

　　來龍乾，坐入壬，朝向丙，水出辰巽。正合天玉經，又合四隅龍格，又與四正配合。向上水有妙法，解句明晰。後天乾卦發龍，本是先天艮位，轉入後天壬坎卦結穴，向上亦先天乾卦。楊公經云「乾山乾向水流乾，乾峰出狀元。」若內中千山萬水總歸巽卦城門，此合大地。此一局四隅龍格故有四隅之水。又合天元一氣。然此合卦狀元大地天下有幾處哉？非厚德安能得之。乾入坎也。內門數理用此兼加五吉全收。

（91）戌龍未穴丑水辰城門，從龍上起貪順挨，取巨弼夾穴
而成五吉。丑水流入辰城門是艮入巽也，內門數理含19。

（92）戌龍丙穴壬水辰城門，從龍上起貪順挨，取輔弼夾穴
而成五吉。內門數理紫白同輝。

（93）庚龍未穴是退交，在龍前隔三位起貪順行，結穴是貪狼，弼巨夾穴。龍與穴合二七同道，向與城門三八為朋，合少陽少陰交媾。玄極門內門數理含169。

（94）戌龍丑穴未水辰城門，從龍上起貪逆挨，取巨弼夾穴而成五吉。來龍戌乾，坐入丑艮，朝向未坤，水出辰巽。或水去水朝，亦總合歸辰巽城門。正合楊公水法，先後天相見。後天乾卦發龍，卻是先天艮位。轉入後天艮卦結穴，謂之艮入艮。或乾巽結穴亦可，先後相見。水出辰巽巳總歸大城門，鎖住正氣。合青囊"孟仲季山無雜亂，數產人龍上九重"。又云："乾坤艮巽號禦街，四大尊神在內排，生剋先憑五行布，要識天機玄妙處。"玄極門內門數理含19。

94

（95）戌龍甲穴庚水辰城門，從龍上起貪逆挨，取輔弼夾穴而成五吉。內門數理用兼加之法12689五吉全收。

（96）龍丑穴是進交，在龍後隔三位起貪逆行，結穴是貪狼，弼巨夾穴。

龍與向是先後天坤相見，城門合乾坤交媾。內門數理含19。

（97）癸龍辛穴乙水丁城門，從龍上起貪順挨，取巨弼夾穴
而成五吉。龍與穴坎入坎（辛是先天坎），向與城門離入離（乙
是先天離）玄極門48局內門數理紫白同輝。

（98）癸龍申穴寅水丁城門，從龍上起貪順挨，取輔弼夾穴
而成五吉。

龍與穴是坤入坤(癸是先天坤），玄極門48局內門數理含
19。

（99）亥龍辛穴乙水巳城門是退交，在龍前隔三位起貪順行，結穴是貪狼，弼巨夾穴。穴與水是先後天兌相見，合坎離交媾，玄極門48局內門數理龍山向水兼加合12689。

（100）癸龍乙穴辛水丁城門，從龍上起貪逆挨，取巨弼夾穴而成五吉。來龍癸，坐入卯乙，朝向辛，水出午丁。合龍合向合城門，先後相見，後天坎卦發龍本是先天坤位，轉入後天震卦結穴，向亦先天坎位，為坎見坎，亦先後相見。源流水或朝或去，總歸離卦城門，俱合圖法。經云："依圖立向不差分，父發子傳榮。"又合"子午卯酉四山龍，支兼干出最豪雄。"山勢行龍不一，有直有橫者，有倒結者，四正之水莫犯四隅為吉。坎入震局也，玄極門內門數理兼加五吉全收。

（101）癸龍巳穴亥水丁城門，從龍上起貪逆挨，取輔弼夾穴而成五吉。此地多是回龍顧祖或盤龍穴，16共宗，49為友，玄極門48局內門數理含19。

（102）寅龍乙穴是進交，在龍後隔三位起貪逆行，結穴是貪狼，弼巨夾穴。

　　艮龍與向酉通根，穴卯與城門通根，且38為朋，27同道，乾坤交媾，少陰少陽相配，玄極門內門數理屬五吉位。

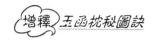

（103）寅龍亥穴巳水申城門，從龍上起貪順挨，取巨弼夾穴而成五吉。向與城門是先後天巽相見，要向上有水可用，玄極門內門數理合五吉位。

（104）寅龍辛穴乙水申城門，從龍上起貪順挨，取輔弼夾穴而成五吉。內門數理合十四進神。

（105）癸龍亥穴巳水丁城門是退交，在龍前隔三位起貪順行，結穴是貪狼，弼巨夾穴。龍向通根，穴與城門通根，且合坎離交媾及一六共宗，四九為友。玄極門內門數理合19坎離之數。

（106）寅龍巳穴亥水申城門，從龍上起貪逆挨，取巨弼夾穴而成五吉。來龍寅，坐入巳，朝向亥，水出申，合龍合水合向三吉位，或朝或去俱歸坤卦則是。別卦則非。後天艮卦發脈，本是先天震卦。轉入巳結穴，向亦先天艮位，要知先後相見，詳明無形雌雄之妙，合之則吉。艮入巽也。內門數理合十四進神。

（107）寅龍丁穴癸水申城門，從龍上起貪逆挨，取輔弼夾穴而成五吉。內門數理合五吉位。

（108）乙龍巳穴亥水辛城門是進交，在龍後隔三位起貪逆行，結穴是貪狼，弼巨夾穴。

　　巳與城門辛是先後天兌相見，玄極門內門數理合坎離之數。

108

（109）乙龍癸穴丁水辛城門，從龍上起貪順挨，取巨弼夾穴而成五吉。來龍卯乙，坐入癸，朝向丁，水出酉辛。始合圖法訣旨。或水朝水去總歸兌卦城門，其地必真。後天震卦出脈，轉入癸結穴，向亦後天離卦，為離見離，先後相見。正合天玉挨加之法，經云"子午卯酉四龍崗，作祖人財旺。"內門數理含19。

（110）乙龍亥穴巳水辛城門，從龍上起貪順挨，取輔弼夾穴而成五吉。

此局巳水流通辛城門是先後天兌相見。玄極門內門數理19坎離之數。

（111）寅龍癸穴是退交，在龍前三位起貪順行，結穴是貪狼，弼巨夾穴。內門數理合19坎離之數。

（112）乙龍丁穴癸水辛城門，從龍上起貪逆挨，取巨弼夾穴而成五吉。龍與穴是先後天離相見，向與城門是先後天坎相見。玄極門內門數理含19。

（113）乙龍申穴寅水辛城門，從龍上起貪逆挨，取輔弼夾穴而成五吉。

此局是震入坤局，龍與穴通根合乾坤交媾，向與城門通根。玄極門內門數理含19。

（114）巳龍丁穴癸水亥城門是進交，在龍後隔三位起貪逆行，結穴是貪狼，弼巨夾穴。

龍穴合四九為友，向水是一六共宗，老陽老陰相配。又合通根，特別是在48局中是先天坎離交媾。玄極門48局內門數理含一六生成之數。若能借父母之力則可三元不敗。

（115）巳龍寅穴申水亥城門，從龍上起貪順挨，取巨弼夾穴而成五吉。來龍巳，坐入寅，朝向申，水出亥。始合八卦陰陽挨星訣法。為巽見巽，先後相見，得口傳心授亦貫通焉。後天巽卦發龍，轉入寅結穴，向亦先天巽卦，先後相見，若得水出亥，其地必真，定是富貴悠久之地。其中行龍不一，到頭二三節定能清純不雜，若雜，地氣有損傷。經云"來龍不雜百里長，幾星特起結平崗，周圍纏護來數裡，內寬聚氣出朝郎。"巽入艮局也，內門數理紫白同輝。

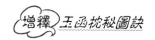

（116）巳龍癸穴丁水亥城門，從龍上起貪順挨，取輔弼夾穴而成五吉。　此局多結回龍顧祖或盤龍形，玄極門內門數理合十四進神。

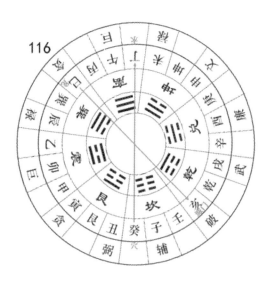

（117）貪狼，弼巨夾穴。此局是震入震局（寅是先天震），龍穴合三八為朋，向與城門二七同道，龍向通根，穴與城門通根，在48局中城門合先天乾坤交媾，玄極門內門數理全吉。

（118）巳龍申穴寅水亥城門，從龍上起貪逆挨，取巨弼夾穴而成五吉。來龍巳，坐入申，朝向寅，水出亥。俱合圖法，若水對出，總歸巽而由乾出。經云"水合城門須要會，卻與湖裡雁交鵝。"來龍後天巽卦，亦是先天兌位，轉入坤卦落穴，申為先天巽位，為巽入巽，先後相見。若得遠來龍脫劫，發福無休歇。特見陽神三折朝，此地出官僚。內門數理含19之數。

（119）巳龍辛穴乙水亥城門，從龍上起貪逆挨，取輔弼夾穴而成五吉。

龍與穴合先後天相見，是兌入兌，玄極門內門數理含19之數。

（120）丁龍申穴寅水癸城門是進交，在龍後隔三位起貪逆行，結穴是貪狼，弼巨夾穴。丁龍是先天乾，與後天坤交，城門癸是先天坤，若有酉辛水到則不忌流破先天位。玄極門內門數理：五吉合十四進神。

（121）丁龍乙穴辛水癸城門，從龍上起貪逆挨，取巨弼夾穴而成五吉。龍與穴是離入離（乙是先天離），向與城門是坎入坎（兌是先天坎），玄極門內門數理紫白同輝。

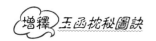

（122）丁龍寅穴申水癸城門，從龍上起貪順挨，取輔弼夾穴而成五吉。內門數理含19。

（123）巳龍乙穴辛水亥城門是退交，在龍前隔三位起貪順行，結穴是貪狼，弼巨夾穴。龍與向是兌入兌，城門合坎離交媾，玄極門內門數理合五吉位，城門貪巨合化輔弼下卦夫婦（內門秘訣）。若有午丁水來可哥借父母之力三元不敗。

（124）丁龍辛穴乙水癸城門，從龍上起貪逆挨，取巨弼夾穴而成五吉。龍與向是離入離，穴與水是坎入坎，且是離入兌局也。又是48局先天坎離交媾。玄極門內門數理含19坎離之數。

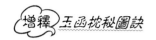

（125）丁龍亥穴巳水癸城門，從龍上起貪逆挨，取輔弼夾穴而成五吉。此局發福悠久，玄極門內門數理含19坎離之數。

（126）申龍辛穴乙水寅城門是進交，在龍後隔三位起貪逆行，結穴是貪狼，弼巨夾穴。

龍穴向城門合二七三八生成之道，少陽少陰相配，乾坤交媾之道。用玄極門兼加之法可五吉全收，若收巽巳山水也是五吉全收。

（127）申龍巳穴亥水寅城門，從龍上起貪順挨，取巨弼夾穴而成五吉。內門數理合十四進神。

（128）申龍乙穴辛水寅城門，從龍上起貪順挨，取輔弼夾穴而成五吉。內門數理紫白同輝。

（129）丁龍巳穴亥水子癸城門是退交，在龍前隔三位起貪順行，結穴是貪狼，弼巨夾穴。

　　龍與穴四九合生成，向與城門一六共宗，老陽老陰又坎離交媾，在玄極門內門數理中城門貪巨合輔弼，五吉全收。

（130）申龍亥穴巳水寅城門，從龍上起貪逆挨，取巨弼夾穴而成五吉。

　　巳水流入寅城門是巽入艮，玄極門內門數理中坎或震卦有水五吉全收。

（131）申龍癸穴丁水寅城門，從龍上起貪逆挨，取輔弼夾穴而成五吉。內門數理合十四進神。

（132）辛龍亥穴巳水乙城門是進交，在龍後隔三位起貪逆行，結穴是貪狼，弼巨夾穴。來龍酉辛，坐亥向巳，水出卯乙，正合挨加之法。先後相見，福祿永貞。經云"依圖立向不差分，父發子傳榮。"後天兌卦發脈，轉入亥結穴，向亦先天兌卦，為兌見兌，亦先後相見。又得陰陽交媾，水歸乙，正合八卦城門鎖住正氣。經云"若能識得城門訣，立宅安墳定吉昌。"又云"後天來龍先天向，葬後人財旺。""震水制伏巽離星，富貴達京城。"山中龍法水法無不皆然。兌入乾也。玄極門內門數理中城門貪巨合輔弼五吉全收。

（133）辛龍丁穴癸水乙城門，從龍上起貪順挨，取巨弼夾穴而成五吉。龍與向是先後天坎相見，穴與城門先後天離相見，玄極門內門數理含19之數。

（134）辛龍巳穴亥水乙城門，從龍上起貪順挨，取輔弼夾穴而成五吉。內門數理合五吉位。

（135）申龍丁穴是退交，在龍前隔三位起貪順行，結穴是貪狼，弼巨夾穴。來龍申，坐入丁，朝向癸，水出寅。但合挨如之法只有此四隅龍與四正相向，其餘四正不合。後有經文解注明白。後天坤位出脈，本是先天巽位，轉入後天離卦結穴，向上先天坤卦。正合楊公經云"坤山坤向水流坤，富貴永無休。"其餘內中千山萬水，總歸艮卦而出，所謂"城門一訣最為良"又云"識得五星城門訣，立宅安墳大吉昌"若論此一局，天下軍州大地世間亦所希見。坤入離局也，內門數理用兼加之法五吉全收。

（136）辛龍癸穴丁水乙城門，從龍上起貪逆挨，取巨弼夾穴而成五吉。

來龍辛（兌坎），坐入癸（坎坤），朝向丁，水出卯乙。正合埃加之法，又合先後天相見，或水對出亦可。後天兌卦發龍，卻是先天坎位。轉入子癸結穴，謂之坎入坎，先後天相見。或朝水或去水皆不定之位，天水口訣要歸卯乙出，為八國城門鎖住正氣，合龍合向合水，俱合三吉。依此圖法葬之，配合風水乘元得法，傾刻有魚龍變化之徵。倘元運不合，葬之平安。日後待當元大發。玄極門內門數理有巽巳山水則五吉全收。

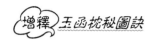

（137）辛龍寅穴申水乙城門，從龍上起貪逆挨，取輔弼夾穴而成五吉。內門數理紫白同輝。

（138）亥龍癸穴是進交，在龍後隔三位起貪逆行，結穴是貪狼，弼巨夾穴。

　　來龍亥，坐入癸，朝向丁，水出巳。正合天玉經，又合四隅龍格，又與四正配合。向上水有妙法，解句明晰。後天乾卦發龍，本是先天艮位，轉入後天癸坎卦結穴，向上亦先天乾卦。楊公經云“乾山乾向水流乾，乾峰出狀元。”若內中千山萬水總歸巽卦城門，此合大地。若水出在他卦支上，非，地不吉。此一局四隅龍格故有四隅之水。又合天元一氣。然此合卦狀元大地天下有幾處哉？非厚德安能得之。乾入坎也。玄極門內門數理貪巨合輔弼，五吉全收。

（139）亥龍申穴寅水巳城門，從龍上起貪順挨，取巨弼夾
穴而成五吉。

　　寅水流入巽卦巳城門是艮入巽也，玄極門內門數理含19之
數。

（140）亥龍丁穴癸水巳城門，從龍上起貪順挨，取輔弼夾
穴而成五吉。內門數理含16。

（141）辛龍申穴寅水乙城門是退交（右旋龍），在龍前隔三位起貪順行，結穴是貪狼，弼巨夾穴。龍與穴合二七同道，向與城門三八為朋，合少陽少陰交媾又是合通根訣。可借父母之力發福悠久。玄極門內門數理合十四進神。

（142）亥龍寅穴申水巳城門，從龍上起貪逆挨，取巨弼夾穴而成五吉。來龍亥，坐寅向申，水出巳。或水去水朝，亦總合歸巳城門。正合楊公水法，先後天相見。後天乾卦發龍，卻是先天艮位。轉入後天艮卦結穴，謂之艮入艮。或乾巽結穴亦可，先後相見。水出辰巽巳總歸大城門，鎖住正氣。合青囊"孟仲季山無雜亂，數產人龍上九重"。又云："乾坤艮巽號禦街，四大尊神在內排，生剋先憑五行布，要識天機玄妙處。"玄極門內門數理含19之數。

142

（143）亥龍乙穴辛水巳城門，從龍上起貪逆挨，取輔弼夾穴而成五吉。內門數理紫白同輝。

390

（144）癸龍寅穴申水丁城門是進交，在龍後隔三位起貪逆
行，結穴是貪狼，弼巨夾穴。龍與向是先後天坤卦相見，城門合
乾坤交媾，內門數理含19之數。】

玄極門四十八局面授（部分）內容簡介

很多詞語有時候會重複運用，是因為整個系統是環環相扣，一脈相承的。

一、倒排父母

天玉經多次提到倒排父母，可見其重要性，如"倒排父母蔭龍位，山向同流水。"（這裡的龍山向水都是要用倒排父母，流水包括了來水和去水）。"倒排父母養龍神，富貴萬餘春。"。"倒排父母是真龍，子息達天聰"。

1.為什麼要倒排父母？仰觀天文，俯察地理……

2.倒排父母的方法。

3.倒排父母的作用及用法。

（1）找玄關四六門戶位排出天地卦及些子真訣

太極生兩儀。從立極的五黃太極位生出兩儀，陽儀順時針（＋）左旋，陰儀逆時針（－）右旋，"陽從左邊團團轉，陰從右路轉相通……"天卦一條線，地卦一條線，一順一逆，一正一負，一左一右，一陰一陽兩條線，而兩條線的交匯之處就在太極位。"識得陰陽兩路行，富貴達京城"。玄關即門戶，要找到入門的地方才能登堂入室。（詳見《四十八局圖譜》中的九宮玄機圖）。青囊序"一生二兮二生三，三生萬物是玄關"。天卦和地卦同時在玄關中產生，是故天玉經"九星雙起雌雄異，玄關真妙處"。經文用玄關真妙處畫龍點睛，妙者奇妙，眾妙之門。玄關一竅天地合一而生萬物，故丹經"乾坤共合成"，從古至今只有經文提到過玄關，對於玄關（用於風水）的正確解釋和用法也只有我玄極門才對外公開的，雖然有些偽託之書也講玄關一竅，但如果玄關不能一生二，二生三，不能生萬物的都是假玄關，本人是繼楊公之後，首次將玄關一生二，二生三，三生萬物的原理、過程及結果，用數位化的方法推衍出來並傳授于弟子。

所以排盤的第一步就是要找到立極的玄關位。

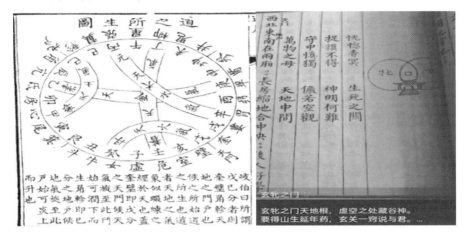

玄關一竅處才能產生真些子秘法：蔣公常言道："大道無多，只爭那些子，故曰不離這個。人身有此一竅，地理家須要識陰陽之竅"。易曰："一陰一陽之謂道"。《青囊經》"陰陽相見，福祿永貞"。些子生於玄關，並且些子圖是玄關一生二，天卦生出地卦："觀天之道，執天之行"清濁自分，明白了玄關一生二的道理，就瞬間明白易經和《青囊經》"天尊地卑"的真正含義。開天闢地，先天後地，天開於子，子午卯酉為天元，查面授資料《內門數理》表對應數字配乾坤艮巽，故"子午卯酉山龍，坐對乾坤艮巽宮。"地闢於丑，辰戌丑未為地元，《內門數理》表對應數字配甲庚丙壬，故"辰戌丑未四山坡，甲庚丙壬葬墳多。"人生於寅，寅申巳亥為人元，《內門數理》表對應數字配乙辛丁癸，故"寅申巳亥騎龍走，乙辛丁癸水交流"。也明白天玉經三次重複提到天卦，而"地畫八卦誰能會"只對應提到過

一句。本人傳授的些子真訣就是把"些子"陽與對應的"這個"陰相見後，山水才能產生共鳴，發生磁場效應，運用自然界的能量為我所用，這就要巒頭與理氣的結合。

《玉函枕秘》："楊公說個團團轉，一左一右兩分張，明明指出夫和婦，有個單時便是雙，開門放水從此吉，富貴石崇出"。世人不識天機奧秘，臆造出了很多"些子"圖，些子此二子陰陽也，"些子"為陽，"這個"為陰。懂得了些子圖真義後就明白了八神四個一為什麼會從來吉（天卦道生一），八神四個二排龍位（群龍盡從地中出，一生二產生地卦），乾（天）旋坤（地）轉亦出自此處，渤海（北方坎水）便翻身亦在於此。所以《玉函枕秘》弁言"些子圖畫龍點睛"。先天有氣而無方，後天有方而無氣。現在已將先天之氣環而布之於後天方位中。先天查氣，後天看形，形氣相合，以窺玄機。天地二卦九九歸一。師曰："紫陽九重天，還歸一太極，金丹證大道，不離三般中"。四十八局乃不可多得的易學瑰寶。以金丹大道為主旨，金丹大道就離不開坎離交媾。坎離水火中天過就是坎離交媾，再退一步講，經文重複提到玄關，有了玄關就會產生坎離交媾。

（2）找二八生死門

此訣與玄關相通的，"順則從地逆行天"，順局從地戶順時針進，逆局從天門逆時針入，那麼順逆局以什麼情況來決定呢？須知門戶進錯了，山水就顛倒了。順逆局就要用到二八位了，排順逆是根據巒頭與理氣相結合共同來完成的，巒頭為體，理氣為用。氣不可得見，以水察之，氣為水之母，水為氣之子，子母相隨。四十八局原文："……此氣升於九天，降於九地，交媾於氣之中。氣不可得見，以卦理測之。故曰理寓於氣，氣附於形，因形察氣，以立人紀，此之謂歟。"先天察氣，後天看形。天氣下降，排天卦從上游往下游排，萬水皆從天上來。地氣上升，排地卦從下游往上游排，群龍盡從地中出。巒頭理氣本為一體。"乾坤乃日月之精，坎離為陰陽之用"。坎離才是真陰真陽為用，並且永遠遵循天氣下降地氣上升的宇宙法則，自然規律。

坎離居二八生死之門。《黃帝內經》以二為人門，八為鬼門，奇門以二為死門（鬼門），八為生門（人門），二者同屬中華傳統文化一脈，為何兩者相互矛盾，結論相反？其實懂得了由玄關生出的天地二卦後就明白了，他們都是正確的，只不過他們都只洩露了一半的內容，順逆不同，生死二門的位置就不同了。《周易闡真》：生之在此，死之在此，陰生在此，陽長在此，古人號曰"生門"、"死戶"、又曰"造化爐"、"陰陽戶"。儒曰"道義之門"，釋曰"不二法門"，道曰"眾妙之門"。總而言之曰"這個"而已。

離主炎上居上游，坎主潤下居下游。又要結合巒頭來龍去脈這一自然規律，來龍（入首分水嶺，上分）在上游，去脈（脈盡之處即三叉水口合襟處，下合）在下游。這就是順局逆局排出來都是離龍坎水。如果排反了，龍在水的下游就是一片汪洋山水顛倒了。人法地，地法天，天法道，道法自然。唯有離龍坎水才合符天氣下降（天卦），地氣上升（地卦）的自然規律。又如龍水不在二八位或者是二八同在一條線上時又該如何定順逆？楊公經文上已經把所有方法淋漓盡致的闡述清楚了，如"龍分兩片陰陽取，水對三叉細認蹤""父母排來看左右，向首分休咎""東邊財穀引歸西，北到南方推"……天氣下降，地氣上升，取坎離真陰真陽為用。

（3）玄關與生死門的關係

（連山卦的運用及化煞條件在掌握了內門數理後則可迎刃而解）

玄關在倒排父母的四六位，生死門在倒排父母的二八位，決定順逆局的二八位中的坎離，而坎離又是先有玄關後才排列出來

的，並且排出來就是天卦之氣從上游往下游運行（天氣下降）。另有口訣和方法，看九宮玄機圖配合口訣自明。二八生死，四六玄關，二八四六即生死玄關，二八離不開四六，四六離不開二八，此二者關係相互相成，一縱一橫，一經一緯，所以《青囊經》："二八四六，縱橫紀綱"。二八乃生死之機，四六為順逆之門。二坤八艮四巽六乾，即"乾坤艮巽禦門開，四大尊神在內排"，"依得四神為第一"。此四神已經包含了三般卦，所以經文又有"三般卦第一"，為什麼連山卦可以化煞，因為連山卦永遠都是在二八四六生死玄關的四神之一。此由先天八卦變初二爻成連山卦配二十四方位。當然了連山卦化煞也有條件能量限制的，如有來水破局或者是龍水交戰等情況也不吉。這個就是口傳巒頭與理氣相結合的用法方面了。連山卦的運用及條件在掌握了內門數理後則可迎刃而解。若二八四六四神齊到即打通生死玄關，則合坎離水火中天過，乾遇巽觀月窟離，地逢雷見天根坎的天根月窟圖。此是後話。

二、相逢數

1.七星盤

青囊經"排六甲，布八門，推五運，定六氣，"所以《刪定大五行圖訣》有言："一年之氣在此，千萬年之氣運亦在此，即天地始終之氣運無不在此……"八卦甲子，神機鬼藏。

先天八卦之氣已經布在後天方位了，那麼哪一顆星是北斗七星呢？這就要用七星盤來尋找。師傳七星盤的捷法非常簡單就三句話12個字，並且還有四個字是重複的，如第二句和第三句是：順局順排，逆局逆排。多麼簡單。但要追根溯源就是來自72相逢數。飛九宮轉八門，取九宮八門相同之數為相逢數。妙哉！冬至相逢數和夏至相逢數的破軍（後天位）都與天卦的先天坎重疊，就是說天卦的坎就是北斗七星的破軍星，破軍的前方就是先天離後天震，帝出乎震！指東木旺，指南火旺，斗轉星移，妙合玄機。天地，萬物之盜。北斗七星去打劫，離宮要相合。破軍前一位，永世不傳人。萬物負陰而抱陽。先天合九後天合十，倒排父母與天地卦合九合十的奇妙配合，還可明白地理以艮兌為乾坤，為什麼會天傾西北，地陷東南，二八異位合洛書。太極陽中有陰，陰中有陽的真陰真陽化生萬物之奧妙，在先後二天中唯有坎離都是對待的，先天坎離在東西，後天坎離在南北，居於四正之位，四正者罡也，天罡北斗，周天之主。而北斗七星的破軍永遠排來都在天卦的坎位，所指向的前方即是離位，無論先後天，坎離都是在對宮。查閱四十八局圖譜中無論是順逆局坎離位都是合九合十的，取坎中滿填離中虛而成乾，聖嬰產在離中虛位，故離為生門，坎為死門，南斗主生，北斗主死。二八位的生死門是坎離來定的，順逆不同，坎離位置就不同，生死門就不同，所有《黃帝內經》與《奇門遁甲》的二八位生死門看似矛盾，其實都只是說了一半而已。離龍坎水，離為生門在上游，坎為死門在下遊，開生閉死。上游生門要開，下游（水口）死門要閉。巒頭理氣合二為一，不可分家。還有理氣上乘用法：生門不生，死門不死，扭轉斗柄，離宮相合。72相逢數已經包含了四十八局的倒排父母，玄關，天卦地卦的先天卦氣，生死門，坎離交媾，金丹等等內容一囊而盡。也就是說用相逢數也可以排出一模一樣100%相同的四十八局出來，四十八局裡的七星盤原始數據卻出自相逢數。師傳相逢數口訣：**巨門守玄關，歷經生死門，走出火焰山，瞬間結金丹**。散落於市面上的一些死板的零星口訣如"貪穴文龍破是水"的根源也是出自相逢數（除以九查餘數）中來的。所以《玉函枕秘》的上卷下卷續卷附錄都是一個環環相扣的系統。

2.定應期（市面上的相逢數書籍已經公開了此法。）

三、二生三化出內門數理（巒頭與理氣實戰用法）

經曰："五行分佈二十四，時師此訣何曾記"。以上所有程式都不能完全判斷真正的吉凶，只有用**兩儀四象**之法把挨星大五行分佈在二十四方位後才能產生吉凶。這就涉及到坤壬乙訣的靈活運用了。市面上一些所謂的四十八局實際上只有16局而且還只是天卦，最多的也只有32死局。而用玄關一生二，二生三，三生萬物是沒有重複的四十八活局。禍福同源，吉凶同根，變化無常，全在於心（太極）。

"一個排來千百個，莫把星辰錯"，從玄關乾一元陽之氣排到四十八局共1152星，"貪巨武輔雄""兼得輔星成五吉"，輔弼二星從不分家是挨著的，取貪巨武輔弼五吉為用。貪狼主人丁（以人為本），巨門主財富（養命之源），武曲主官貴（造福於社會，若只利己不造福則招反噬，德不配位必有災殃，厚德載物），輔弼是輔佐催化之星。

巒頭也要講究精氣神，精氣十足端莊秀麗的山頭，落實到用理氣推算出來元精元氣元神三般卦的方位，則力量宏大，形氣歸位，催福最快。或者是得天精地液之湧泉在元精元氣之位朝拜元神，也為得位。

演算到此對於雙山雙向，空位忌流神，十四進神，十個退神等等內容只在頃刻之間迎刃而解。至於空位忌流神絕不是市面上的一卦純清的解釋，天下山水沒有絕對的一卦純清，那些發了富貴的古墳也不可能是一卦純清。

到了此時此刻方可以根據巒頭與理氣論斷吉凶，包括後面在內的所有過程全部在掌上完成，從掌上排盤到計算出某一方位的吉凶，熟練者一般在半分鐘左右甚至幾秒鐘就能夠推算出來（不含相逢數）。如果不學原理只學排盤，所有的星盤最多一天足

以，只要熟悉排山掌，先後天八卦和河圖洛書就非常簡單，“若
人識得挨星訣，朝是凡夫幕是仙”。不是我要搞得這麼複雜，是
古人太過保守，古書都是加了密的，並且說一半留一半，沒有這
些知識和口傳方法根本就看不懂《玉函枕秘》或者是《地理辯證
圖訣》之類的書籍，我所做的貢獻是將《玉函枕秘》和《四十八
局圖譜》（原名四十八局圖訣）內容化繁為簡。所謂大道至簡，
是真正懂得大道後才知道非常簡單，這個時候才真正有醍醐灌
頂，豁然開朗的感覺。不懂的時候就難於上青天。同時掌握了原
理和應用方法才能夠運用自如，要追根溯源尋根問底，抽絲剝
繭，正本清源。無根之學學了也是白學。

四、真三般卦與七星打劫

　　假三般卦殺人不留情，真三般卦得真帝星（北斗七星斗柄
所指的方位）照臨富貴呈祥，三般卦有真交媾和假交媾，取五吉
星為用。以挨星吉凶來論，貪狼發人丁，巨門發財富，武曲發官
貴，輔弼是催化劑。“貪巨武輔雄”。破文祿廉為四凶。七星打
劫是巒頭與理氣的結合，並以三元之氣流轉九宮，是挨星的上乘
用法，需口傳。

五、自庫與借庫

　　“若還借庫富後貧，自庫樂長春。”萬物以土為庫，土又是
五行歸元之地。歸土者為自庫，發福悠久。不歸土的為借庫。

六、城門訣

　　“五星一訣非真術，城門一訣最為良。識得五星城門訣·

立宅安墳大吉昌"。懂得了順逆四十八局後就明白城門訣也是屬於四十八局的冰山一角，城門訣的特點是龍水合十，包括先天來龍後天向，後天來龍先天向，通根訣，正交反交等等龍水合十的內容都在144圖城門訣之中。如果龍水不合十就只能在掌上推四十八局了。

七、排龍訣

知道了前面二十四山分順逆局的起數方法後，再看排龍訣就更簡單了，天玉經：乾坤艮巽壬，陽順星辰輪。甲庚丙壬俱屬陽，順推五行祥。乾坤艮巽甲庚丙壬寅申巳亥龍用順排，子午卯酉，乙辛丁癸，辰戌丑未龍用逆排。

八、排後天坎離交媾（課外題）

知道了先天坎離交媾的排法，還有後天坎離交媾，如果先後天都有坎離交媾，力量更大更雄，後天坎離交媾對先天坎離交媾的幫助極大。見古本《玉函枕秘》218頁秘碼12345821、67897841，如廣東劉開七墓就是同時具備先後天坎離交媾。

九、天根月窟圖（高級理論，返璞歸真）

前面的先後天八卦組合還要以河圖為體，洛書為用，依："乾遇巽時觀月窟，地逢雷處見天根。天根月窟閑往來，三十六宮都是春"，依"前面走了五里山"時，逢五則止，逢五則起，逢五則變，依"帝出乎震"，震，東方，等等內容均在此用簡單的術數方法一一展現，"坎離若還無戊己，雖含四象不成丹。只緣彼此懷真土，遂使金丹有返還"，此時此刻坎離水火全部歸中宮戊己土位，這才是胎息。坎納戊，離納己，坎離歸了中宮戊己則神（精氣神）才歸位，五行歸元，返璞歸真，這才是坎離水火中過。天根月窟圖中的胎息和先天卦氣即可明白三花聚頂，五氣朝元的金光正氣。此時此刻四十八幅天根月窟圖，每一圖中的南北一線已經將天地水火雷風山澤（先天八卦）八神聚會。這才是天玉經中的"南北八神共一卦，端的無應差"。三花者實是元精元氣元神之精華，聚者彙聚一處。《周易參同契》：子午數合三。巒頭也要講究精氣神，理氣的元精元氣元神即三昧真火在四十八局一覽表原來是位分散居於三般卦中，現運用河圖為體，洛書為用，並用乾遇巽，地逢雷，五里山，帝出乎震的方法，已經將分散的三般卦彙聚一宮，並且九宮全部是合三般卦，坎離歸中宮（坎屬戊，離屬己，坎離歸屬於中宮戊己為歸元），並且二八四六生死玄關亦全部流通。巒頭理氣的精氣神相為表裡，這些全仗倒排父母產生玄關一生二，二生三的結果，也是太極，先後天八卦，河圖洛書的共同運用的功勞。任您聰明過萬人，不得神授莫猜祥。

插曲：先天為體，後天為用，在前面的推算過程中已經很清楚明白了，學習乾坤大挪移後也應該明白先後天是分不開的。河圖為體，洛書為用，河圖洛書（簡稱圖書）也是本為一家。河圖之數55，其中天數25，地數30，陰勝於陽（－），洛書之數45，其中天數25，地數20，陽多於陰（＋），河圖洛書相加得55+45=100，其中陰陽之數各得50而平衡，一陰一陽之謂道。雖然河圖闡無為自然之道，洛書闡有為變化之道，卻也是相得益彰，互為一體，息息相關。天根月窟圖就是把用先後天八卦算出來的結果歸元到以河圖為體洛書為用的圖書中去，坎離歸戊己中宮並坎離寄旺八神歸。中宮永遠是旺星所居。

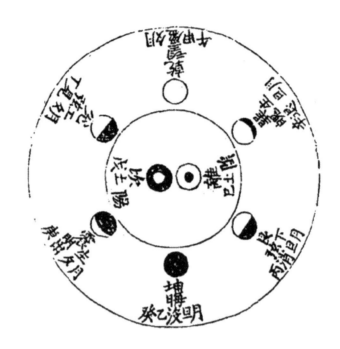

　　你看一下《周易參同契》的納甲圖就知道坎離居中宮戊己土位。前面的坎離是居二八土位，天根月窟圖是所有的坎離全部歸洛書元旦盤的戊己中宮土位即歸元。這才是真正面授內容"坎離若還無戊己，雖含四象不成丹。只緣彼此懷真土，遂使金丹有返還"。也是"知此法，不須尋納甲"的真正含義。當然了玄極門的整個推算過程都不用納甲的。天根月窟也是道家修煉法門的至寶，博大精深，用法乃恩師所口傳，當年我對道家修煉一竅不通，故只學的風水。玄牝之門，天地之根，這才是真正的不二法門，這整個系統才是中華文化的根。傳統文化一脈相承，易道同源。

　　只要是懂得了玄關一生二，二生三，三生萬物，並掌握了河洛的運行規律，也就是說只要運算正確了，自然就是"坎離水火中天過，龍墀移帝座"。由此可見中華文化術數的魅力。

　　天根月窟的排列方法很少，到目前為止我才看過兩本書有記載天根月窟的圖表，一個是《玉函枕秘》和《地理黃金屋》都提到過的《四十八局圖訣》，我將書中一些重要環節刪除一併作為口傳內容。另一本是《****四十八局》也有天根月窟圖表，但此書沒有二生三的方法，也就是沒有把挨星大五行分佈到二十四個方位去，故不全面也不推薦。

也許您會問唐朝的楊公怎麼會與宋代的邵子扯上關係呢？我來告訴您，如果是正宗的道家文化就是一脈相承。先說楊公的方法吧，五經一體相互相成，前後函接。"前面走了五里山，遇著賓主相交接"，"坎離水火中天過，龍墀移帝座"，按照河洛軌跡往前面走了五個宮位"五裡山"，而路過中宮正好是坎離，龍墀帝座，金箱玉印，金枝玉葉，寶殿龍樓，寶蓋鳳闕等等都是與對宮相合，倒排也。

何為賓，何為主？"遇著賓主相交接"，看四十八局圖訣就一目了然，一個是居中宮皇極之位，廟堂之上，巍然不動接受八方來朝，一個是經過了"五里山"還爬山涉水才到達中宮，賓主不言而喻。再說說邵子的"乾遇巽時觀月窟，地逢雷處見天根"，說白點，乾遇巽，地逢雷也是往前面走了五步，乾遇巽就觀月窟離，地逢雷就看見天根坎，邵子把起止路線，陰陽順逆都說得更清楚了，傳統文化一脈相承。什麼是天機？觸及道門核心機密的才能稱得上是天機。

門外之人看天根月窟圖全是後天九星，而內行人則明白全是依先天卦氣推算出來的。先天為體，後天為用。而乾遇巽得月窟離，地逢雷得天根坎又是從《玉函枕秘》中的些子圖，挨星順逆局進一步推算出來的。這整個過程才是《青囊序》"一一講說開愚蒙。一生二兮二生三，三生萬物是玄關"。這才是"南北八神共一卦"，南北將天地水火雷風山澤先天八卦大神100%無差錯的齊聚一卦，"端的應無差"。

同時天玉經的開頭三句話是這個體系由簡到繁即道生一，二生三，三生萬物的總綱，是一個系統化的術數推導過程。整個系統，所有環節，都是根據太極，先後天八卦，河圖洛書推演出來的，最後還要歸宗於河圖洛書，這整個系統才是中華文化的根。千兩黃金不賣道，真經難度無緣人。《天玉經》結尾："**世人不知天機秘，泄破有何益**。汝今傳得地中仙，玄空妙難言，翻天倒地更玄玄，大卦不易傳。更有收山出煞訣，亦兼為汝說。相逢大地能幾人，個個是知心。若還求地不種德，穩口深藏舌。"

以上是計算空間格局法則的主要過程，是恩師傳我的重點，也是玄極門的核心內容，從玄關一生二，二生三，三生萬物的整個過程，把沒有重複的四十八局的結果歸中到河圖洛書的天根月窟圖中去，才算是完成了四十八局的全部推算過程，整個系統從頭到尾沒有一點矛盾和衝突，很多風水門派在自己的系統內就會出現此吉彼凶的不同方法，而玄極門的整套理論和推算結果全部是統一的，沒有出現一丁點矛盾的東西。並且是環環相扣系統化而不是單一的。大道至簡，一旦掌握了所有秘竅後才知道大道至簡的真正含義，說穿了不值錢。熟練後只需半分鐘左右就能夠用捷法從掌中把挨星結果推算出來（只有相逢數須要查表）。

元運

元運和擇日都屬於時間概念，元運由乾坤大挪移抽爻換象而來，但是有些地是不受元運控制的，如唐宋年間很多老墳發了幾百年富貴了還在發，豈是十八年至二十七年的先天運或者是平均二十年的後天運所左右的？同一山向同一佈局同一分金，一座城市的門面做生意總比一個村寨的門面做生意氣運悠久得多且價值更高，所以"無論得元失元皆不可受此劫也"這句話要牢牢死記於心，此劫是凶星位，就是說不管得元運和失元運都不能犯凶星，這個吉凶是空間概念，是根據巒頭與理氣計算格局的交媾和大小，可見孰輕孰重一目了然。這也就是搞元運學說的沒有哪一

家獨尊獨大的原因。凶星也是空位忌流神，而空位忌流神絕不是
市面上那些一卦純清的理論，大自然不可能完全是一卦純清的。
明朝以前的題留地，葬課基本上都沒有提元運方面的內容，就說
題留地吧，無非是巒頭怎麼好，葬後要出什麼人，如果論元運，
起碼要說什麼運葬才發，因為合元運的很少，大多數是失運的，
失運葬下後還是那麼好嗎？既然是題留地為什麼不提醒要什麼運
才能用呢？當然我的意思不是不重視元運，而是要分清主次。元
運的計算方法也還是要掌握的，就是乾坤大挪移的抽爻換象。

生入剋入：掌握了以上內容後，生入剋入一點即破。

三元分金：分金差一線，富貴便不見。這一線就是一度，周
天之數是360度，360度即360個分金，用六輪60甲子，取納音相
生相剋，水一六，火二七，木三八，金四九，土五十。此金木水
火土與房份，生肖都有很大關系。為何叫分金？有金才分，沒有
金又怎麼分呢？安葬挖井的時候叫開金井，穴位也有土腹藏金，
立向放線又叫分金，我個人認為就是在龍穴砂水中取坎填離而成
乾金，金丹就在黃極處即穴場，泛指整個山水配合格局的靈氣。
當然重要的是用法。

分金是補巒頭理氣房份之不足，或者是將巒頭理氣錦上添
花，是理氣的附屬物。但是如果巒頭理氣不行，何金來分？就好
比分家產（分金銀錢財）一個道理，家大業大就算少一點也是個
大數目。貧困的家庭分得再多也就是多解決幾餐溫飽而已。所以
巒頭理氣才是最重要的。

天心正運擇日

蔣公說過巒頭為重，理氣次之，天星末之又末，是真理也。
一個發富貴的古墳，並不是先考察這個墳的日課，而是先考察這
個墳的龍脈、山向、砂水。"初年禍福天時應，日久方知地有
權"。用事後初年的禍福與擇日有關，時間長了是地理山水的作

用。擇日方法很多，蔣公說的天星就算是七政四餘吧，通通屬於擇日範疇。天心正運擇日只是擇日的其中之一，此法在市面上已經廣泛流傳，這裡只做簡單提要。

　　天道左旋。天帝運行24節氣是從冬至子順時針到春分卯到夏至午到秋分酉正體五行由此而生，每宮15度，24節氣就是24山合周天360度。若十二月是把八干四維分化於十二地支中，則十二地支各30度亦合周天360度。太陽右旋冬至在丑，春分在戌，夏至在未秋分在辰，六合就是由天帝與太陽相合產生。春夏秋冬，四季更替，寒暑往來，互古不變。還要瞭解元會運世的計演算法則，1元=12會=360運=4320世=129600年，也是360的平方數。360×360=129600，也許您認為129600年這個時間太長了，易經遠取諸物近取諸身，其大無外其小無內，那麼縮小一點，一元就是一年，12會就是12月，每月30天就是360天就是360運，每天12時辰，一年就是4320個時辰就是4320世，每個時辰地球自轉30度（每天12時辰地球自轉一周360度，每個時辰120分鐘就是30度，每4分鐘自轉一度，地球自轉一周天360˚就需要1440分鐘，就是每天有1440分鐘）。這一元129600年可以看作是一年360天，每天運轉一周天360度，一年就是360天×360˚=129600一元之數。其實一年與每一天也是對應的，一年之計在於春，一日之計在於晨，一年12月，每一天十二時辰，一年二十四節氣，一天二十四小時，一年午未申月天氣最熱，一天午未申時最熱。冬季對應晚上最冷。卯時即卯月春分，午時對應午月夏至，酉時對應八月秋分，子時對應子月冬至。說白了是大周天套小周天。《刪定大五行圖訣》有言："一年之氣在此，千萬年之氣運亦在此，即天地始終之氣運無不在此……"八卦甲子，神機鬼藏。

　　在面授時從巒頭到理氣到元運，從空間概念到時間概念都會用到乾坤大挪移這條主線，乾坤大挪移是後天返先天之法訣，由於篇幅有限可以另行閱讀。

初年禍福天时应，日久方知地有权

峦头为重，理气次之，天星（择日）末之又末，主次关系需分清。

从峦头到理气到元运，从空间概念到时间概念都会用到乾坤大挪移这条主线，乾坤大挪移是后天返先天之法诀

乾坤大挪移贯穿从空间到时间

峦头（为体） 理气（为用）	元运 择日
空间概念	时间概念

峦头为体，理气为用。先天为体，后天为用。河图为体，洛书为用

体用关系是不能分家的，如梅花易数的内卦外卦的体用关系可以分家吗？不能分家！！！

　　說到這裡再閒聊幾句蔣公吧，假如有幾個蔣公的親傳弟子在此，也不一定是得蔣公真傳，為什麼，您看蔣公的每一個弟子所學的內容和方法都不一樣，說明蔣公的學術也很駁雜。蔣公得無極子道人真傳多年後在晚年所著《玄空字字金》才是正訣，大器晚成吧！各人的機緣和修為不同就有不同的因緣。學習了玄極門內容後就知道《玄空字字金》也只是初級到中級階段而已，只要掌握了倒排父母，天地卦，七星盤，元旦盤的山水圖，二元八運這些內容，《玄空字字金》毫無遺漏的破解了，雖然這些內容離楊公五經還差好長一節。但已經很了不起了，蔣公已經洩露了很多知識和內容。

附：古今案例挨星對照分析
學習玄極門所必備知識

　　先自備一些巒頭知識，因為巒頭知識是多年的上山經驗總結，非朝夕之功，我主要是傳授理氣知識，學習理氣之前必須熟練掌握排山掌和九宮掌的運行規律，楊公的所有秘法都在掌中完成。太極，河圖，洛書先後天八卦要相當精熟並有一定功力的易

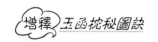

學知識，如果有一定的道家文化知識就再好不過了。唯有深諳易道之術方能進一步明白至深至奧至妙至簡的大道法則。並且一定要記住**巒頭為體，理氣為用。先天為體，後天為用，河圖為體，洛書為用。**體用關係是不能分家的。

排山掌和九宮掌都要非常熟悉，排挨星用排山掌，定方位用九宮掌。……

河圖：天一地二天三地四天五地六天七地八天九地十，此十數而變化鬼神也。一六水，二七火，三八木，四九金，五十土，一二三四五為五行生數，六七八九十為五行成數，天地生於水火，終於土（太極中宮）。水1火2……土10。

洛書：載九覆一，左三右七，二四為肩，六八為足。

後天八卦：一白坎二黑坤三碧震四　巽五黃中六白乾七赤兌八白艮九紫離。

先天八卦：乾兌離震巽坎艮坤（天氣下降，萬水皆從天上來，排氣從上游往下游排）。

歸藏八卦：坤艮坎巽震離兌乾（地氣上升，群龍盡從地中出，排氣從下游往上游排）。

連山八卦：艮坤巽坎離震乾兌（先天八卦變初二爻，上爻山頭接天之氣不變）。

天元龍：子午卯酉乾坤艮巽　　地元龍：甲庚丙壬辰戌丑未人元龍：寅申巳亥乙辛丁癸。

坤壬乙，巨門從頭出，艮丙辛，位位是破軍。甲癸申，貪狼一路行。

辰巽亥，盡是武曲位。子卯未，宮中祿存位。寅丁庚，依例作輔星。

戌乾巳，文曲廉貞次。午酉丑，右弼七八九。

　　必須熟悉《青囊經》《青囊序》《青囊奧語》《天玉經》《都天寶照經》，這五本經書才是學習理氣的必備法寶，五經一體，是一個系統的，環環相扣，一脈相承，牽一髮而動全身，每一句話都與整個系統相互聯繫的，不能折分開來。在運算過程中要運用到經文裡的方法。青囊天玉是推算方法，都天寶照經是結果，如果推算出來的結果與《都天寶照經》的理氣經文達不到95%以上的吻合度就不是楊公風水，我認為應該起碼也要與《都天寶照經》達到99%以上的吻合度才算是真正的挨星訣。

玄極門譜系

　　玄者玄牝玄關，衆妙之門，極者萬法之巔，終極之門。理之至者爲極，含無極，太極，皇極之義，故名玄極門。玄極門是圍繞金丹大道的以道馭術，以術載道，演繹混沌初開（宇宙大爆炸）時萬物本為一體，以及道生一，一生二，二生三，三生萬物，並三教歸一，諸法咸歸的宇宙法則。紫陽九重天，還歸一太極，金丹證大道，不離三般中。所謂金丹證大道，在儒則名太極，在釋則名圓覺，在道則名金丹。名雖分三，實為一物。儒修之則為聖，釋修之則為佛，道修之則為仙。三教聖人皆以本來真性為成道之本也。

　　玄極門二十四代譜系：

　　玄極門宗立，金丹大道傳。

　　易理乾坤中，紫陽九重天。

　　嵩孚仁志士，泰華衡恒雋。

　　澤潤湖泉長，靈秀江海源。

　　擇取其中二十四字作為二十四代譜系，以應羅經二十四山，五行分佈二十四，內含五嶽四海湖泉水，即山水總圖之義以映山水圖，還含有孚→泰→澤→恒……四大卦。

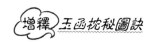

二十四代譜系，反復迴圈使用。目前第一輪為一世，今後第二輪為二世，以此類推。

玄極門戒律
一、敬天地，法自然。
二、忠祖國，遵法紀。
三、孝父母，結善緣。
四、守師道，友同行。
五、濟貧弱，誠眾生。

金偉：玄極門（含玉函枕秘）傳授簡介

玄極門密匙（天地元氣運行圖）

倒排父母蔭龍位，山向同流水
乾旋坤轉妙無窮（過客不入黃婆家）
天經地緯一掌中

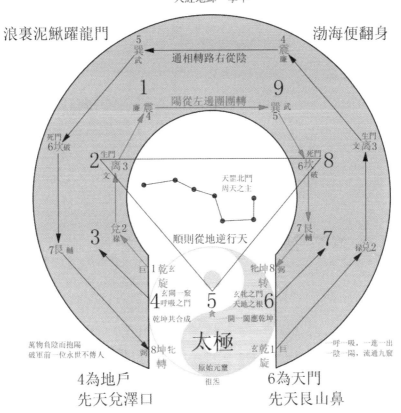

浪裏泥鰍躍龍門　　　　　　　　渤海便翻身

萬物負陰而抱陽
破軍前一位永世不傳人

4為地戶
先天兌澤口

6為天門
先天艮山鼻

無，名天地之始　　有，名萬物之母
道家無佛家空
儒家中庸在此中
結丹在此
不捨不得　　一舍就得

巨門守玄關，歷經生死門，走出火焰山，瞬間結金丹。

金偉製圖　　翻錄必究　13398581016

此圖配上坤壬乙訣就是完整的四十八局

　　玄者玄牝玄關，眾妙之門，極者萬法之巔，終極之門。理之至者為極，含無極，太極，皇極之義，故名玄極門。玄極門是圍繞金丹大道的以道馭術，以術載道，演繹混沌初開（宇宙大爆炸）時萬物本為一體，以及道生一，一生二，二生三，三生萬物，並三教歸一，諸法咸歸的宇宙法則。紫陽九重天，還歸一太極，金丹證大道，不離三般中。金丹證大道，在儒則名太極，在釋則名圓覺，在道則名金丹。名雖分三，其實一物。儒修之則為聖，釋修之則為佛，道修之則為仙。三教聖人皆以本來真性為成道之本也。

　　《玉函枕秘》是我玄極門的一個重要組成部分之一，是當年風水祖師楊公從皇宮帶出來的秘笈。故能輕輕鬆松系統化的解開青囊經，青囊序，青囊奧語，天玉經，都天寶照經。是將河圖洛書融為一體，將先天八卦“天地定位，山澤通氣，雷風相博，水火不相射”“陰用陽朝，陽用陰應，陰陽相見，福祿永貞”，“天依形，地附氣”，先天依附在後天八卦之中。是先天為體後天為用，先天入後天，參陰陽兌化之妙也。　自古有云“巒頭無假，理氣無真”，本門面授內容將推翻“理氣無真”之說，重點破譯經典中的玄奧，是理氣驗證巒頭，巒頭驗證理氣。巒頭理氣本是一家，真正還原楊公的堪輿精髓，通過本門的學習，將黃石公的青囊經，以及楊公的青囊序，青囊奧語，天玉經，都天寶照經的經文真正系統化的逐一破解。並在全國公開真正的七星打劫法、理氣四十八局，城門訣等等諸多法門。本門法訣是一套至深至奧又至簡至易且非常實用的方法，大道至簡方合符易的規律，也合符“道”的法則。我玄極門楊公風水極其簡單，是將河圖洛書，先後天八卦用術數運算的方法而成。不得心傳口授窮畢生精力也難窺其一二。故“若人識得挨星訣，朝是凡夫暮是仙。”雖然是如此簡單，卻包涵很多風水門派的原理，我玄極門以陰陽交媾為核心宗旨在排山掌訣上，只用一卦順逆就有48局，局局坎離交媾，432宮，宮宮得陰陽正配。正是青囊經；八體宏布，子母分施。天地定位，山澤通氣，雷風相薄，水火不相射。中五立極，臨制四方，背一面九，三七居旁，二八四六，縱橫紀綱。其中二八乃生死之機，四六為順逆之門。乾坤，坎離，艮兌，震巽環而布之在立極之周圍，皆先天八卦陰陽正配。取坎填離交媾而成純陽金丹，就是重乾卦。乾為天，先天卦序是一，居於後天九紫方位。由先天八卦交媾而成的純陽金丹，又與五黃同宮。與坎離宮位之真土一呼一吸，以迎受翕聚焉。書言："五行分佈二十四"就是把挨星五行分佈在二十四個方位上。這裡面全部過程就涉及到《青囊序》中"一生二兮二生三，三生萬物是玄關"，用先天一氣化出天地二卦就是一生二，其中乾對應的是天卦，坤對應的是地卦，天地二卦形成後父母三般卦也就產生了，《天玉經》"天地父母三般卦"即此也，父母三般卦裡面含有元精，元氣，元神，此精氣神化生萬物，"三生萬物是玄關"，所有這一切都是從天地玄關一竅生化出來的，風水的玄關一竅在天門地戶（天地的門戶），"玄竅開時竅竅開"，此一竅通九竅，能天地合一，謂之玄關一竅。《金丹四百字》："此竅非凡竅，乾坤共合成，名為神氣穴，內有坎離精。""天地之心，即是玄關一竅"。一呼一吸，一開一合，開天門，閉地戶，天門地戶就是天地運行的門戶，又要使天地合一，方成一竅。太極初分即有玄關，玄關既可開天闢地，又能使天地合一，就是說天卦地卦以及到化生萬物都是從此玄關而出，這才是經文的本意。自古以來玄關一竅只可意會，不可言傳。學習地理者不懂此玄關一竅，則未入地理之門也。天玉經："九星雙起雌雄異，玄關真妙處。"一生二，二生三，三生萬物皆由此玄關一竅所生。玄關一竅又涉及"些子圖"，蔣公言道"大道無多，只爭那些子，故曰不離這個。人身有此一竅，地理家須要識陰陽之竅"。《玉函枕秘》中"些子"和"這個"兩兩相對，些子為陽，這個為陰，《青囊

經》"陰陽相見，福祿永貞"。本人傳授的些子真訣就是把"些子"陽與對應的"這個"陰相見後，山水才能產生共鳴，發生磁場效應，運用自然界的能量為我所用，這就要巒頭與理氣的結合。世人不識天機奧秘，臆造出了很多"些子"圖，凡是些子圖中沒有"這個"一詞的均是偽訣，我們可以讓歷史作證。

其實每一個門派都有優點，也有一定的準確度，但要全面系統化也並非簡單。實際上很多人很多門派用的就是玉函枕秘的一部分，但很零散，不系統，核心的東西沒有掌握，沒有融會貫通，時靈時不靈的，就如世人在用"道"而不知"道"（百姓日用而不知），我玄極門四十八局是根據先後天八卦，河圖洛書的運行軌跡匯出的一套完整的公式化系統，這就是術數，絕不是東拉西扯拼湊而成，核心的內容以及系統化掌握運用就必須要口傳心授的。只要是真正得訣後卻極其簡單，環環相扣，大道至簡。唯有本門才是正宗風水。是以青囊序，青囊奧語，天玉經，都天寶照經為藍本。其內容主要以《玉函枕秘》48局三大卦為主，縱然你有《玉函枕秘》一書，不得師傳口授也難以入門，因為書中48局隱藏起來的。我在驗證過程中，有很多已經超乎自己的預想，在驚歎之餘，不得不佩服古人的道家文化是多麼的神奇。怪不得有人說中國文化的根在道家。玄極門楊公風水，是皇家秘傳風水術，真正的風水學歷代被皇家控制，而風水學的精華又被道家掌握。因為風水學本身來源於道家，玄極門楊公風水是歷代皇家秘傳風水術，是理氣的精華，是把巒頭與理氣相結合為一體，為什麼人們常說"巒頭無假，理氣無真？"是因為真正的東西以前不會在民間流傳的。民間流傳的風水術是斷風水，而皇家秘傳的是做風水，是兩個不同的概念。

我玄極門楊公風水，以先天皇極數辨山水陰陽之交媾，什麼是先天，就是伏羲老祖的先天八卦，產生先天八卦的時候，還沒有形成文字，所以先天八卦也叫無字天書，只要先天八卦坎離交媾，就會產生先天罡氣。什麼是皇極，皇極土也，中五立極，臨制四方。九宮方位的土就是258。三大卦48局，24山分順逆，共成四十有八局，48局，局局排得坎離媾精，以證金丹大道。穴坐中五，天地，水火，雷風，山澤，先天八卦布於四周，本宮重乾卦以純陽真氣，吸納八方靈氣。再用七星打劫法，為我所用。經典提示：《青囊序》：二十四山分順逆，共成四十有八局。五行即在此中分，祖宗卻從陰陽出。陽從左邊團團轉，陰從右路轉相遇，有人識得陰陽者，何愁大地不相逢。（要理解共字的含義。）天玉經：倒排父母養龍神，富貴萬餘春。識得父母三般卦，便是真神路，北斗七星去打劫，離宮要相合。北斗七星（破軍星）去打劫，離宮要相合。先賢秘傳"破軍前一位，永世不傳人"，這是學習風水必須要掌握的條件，是尋找生氣的方法。破軍所坐者為死門，破軍所指向前方為生門。那什麼是生門？什麼是死門？奇門以艮八為生門，坤二為死門，黃帝內經以艮八為鬼門，坤二為人門，乾六為天門，巽四為地戶。生門在此則死門在彼，死門在此則生門在彼。生氣在什麼地方？生氣在生門死門一線之間即皇極中宮土也。這就是二五八三土連成一線。用九曜旋轉運算下來，北斗第七星破軍的先天罡氣，並用倒排父母，用此法破軍始終與先天運行的坎同落一宮，破軍凶星在此，先天運行的坎在此。要把此北斗第七星破軍凶星死門變為吉者，需與離宮相合也。此正是丹經所云"乃扭轉斗柄之天機。"古往今來，先賢不泄，俗人不識，照本宣科，人云亦云，破軍前一位，永誓不傳人。既是天文曆法推演的依據，又是地理的演算法門，古人仰觀天文，俯察地理，四十八局，離她不成。坎離交媾，生在此，死亦在此，妙乎"扭轉斗柄"。破軍所坐者凶主死門，破軍前一位吉主生門，總不離艮坤二宮，不離坎離之氣，同時也才能真正把道家中"北斗主死，南斗主生"的真實含義詮釋清楚。萬物負陰而抱陽也在此。在先天一氣的運行中，每一個卦氣都會同時產

生有吉有凶，吉凶相伴，禍福相依，禍福同宗同源，這當然與順逆和運算的方法有關，也正是對道德經原文"禍尚福之所倚。福尚禍之所伏"以及人生哲理的闡釋。在我的弟子中，有一少部分人不是為了學風水而來的，其中有學中醫的，有修道的，有愛好中國傳統文化的，有為了給子孫後代留下一份寶貴文化財富的（今後傳子孫用的），學了之後我都問他們除了風水以外還有不有用，他們回答有用，太有用了，如徐州的張老師，對中醫，修煉，奇門，風水等等都有自己的心得，學習後感慨的說：太有用了，終於將多年的疑問一掃而光，原來她們之間有一條線一氣貫通，這才是眾妙之門。將中國古代傳統文化用術數的方式系統化全部逐一解開，這才是玄極門的真諦。學東西就要知其根，無根之學學了也是白學。四十八局，局局如此。"扭轉鬥柄"離中有坎陰中有陽，坎中有離陽中有陰，取坎填離而成乾。破軍要與流行的先天離宮相合。還要合三般卦合雌雄交媾，合山水零正得位。並且坎離媾精之處還要真土。中宮戊己土，坎納戊，離納己，出外也必須坎離交媾處要有土才是真交媾。故"知此法，不須尋納甲"。《悟真篇》曰：坎離若還無戊己，雖含四象不成丹，只緣彼此懷真土，遂使金丹有往還。不懂時感覺是云裡霧裡的，其實大道至簡，真傳一張紙，假傳萬卷書，一點就通，一通百通。按照我所授的48局先天八卦化九星（五星配出九星名），按圖索引，毫無誤差。144局城門訣只是四十八局中的冰山一角，龍山向水五吉位當然與四十八局100%吻合，與通根訣等諸多法門100%吻合，這就叫系統性，也就是術數學的魅力。所以經文是定性的學術文化，楊公經文是不可置疑的。

元運挨星訣是時間慨念，定山水在某一運發揮效力，四十八局是先天為體，後天為用，巒頭為體，理氣為用，以陰陽之氣，辯山水的交媾，地氣能量的大小和所對應的時間效應，這些都是屬於面授的核心機密，宇宙就是時間與空間的完美結合，這就是玄極門所要學習的內容。

　　本門內容博大精深而又大道至簡，許多風水愛好者抱著一種求真的態度，拜了很多知名的老師，終究還是事事而非，有的甚至猶豫了幾年後，最終還是拜於我玄極門門下，學習後才猶如醍醐灌頂，恍然大悟，感歎道：要知道有這麼多好東西，早就應該來了，早學早受益，這一猶豫白白浪費了精力和時間；我玄極門就是專門為有一定易學基礎的風水愛好者而指點迷津。

　　本人也首次對外界公開了《玉函枕秘》等等許多寶貴書籍的內容，面授時還有《四十八局圖譜》及核心圖表，目前弟子已經發展到東南亞地區，其學術得到了許多專家學者的認可和高度評價。

　　本門秘訣雖似簡單卻又博大精深，巒頭部分是重中之重，學習了本門法訣就知道二者不可偏枯，本人多次說過巒頭理氣不能分家，不可分家，不得分家，而巒頭部分又非一朝一夕，必要好多年的功夫與實踐才能有所成就，通過面授學習，讓你真正明白什麼是巒頭為體，理氣為用，先天為體後天為用。河圖為體洛書為用的道理及實際用法。本人專業風水至2017年時三十年，一直抱著一種求真的態度，我能得到這些秘訣，也非易事，望得傳者珍惜。秘訣必須面授，併發誓不許外傳。您的到來，是給玄極門成員添磚加瓦，您的缺席，在玄極門的成員中就缺少了一位尊貴的學員，但您永遠也無法學到其中的全部內容，就算您苦思冥想，經過不知多少個不眠之夜，消耗人生多少個光陰，就算能悟出一點點玄機，但是核心機密沒有口傳心授是永遠無法系統化全面掌握的，況且人生又有多少光陰值得您去消耗。也有退休了的公務員，他們學習後覺得是人生一大快事，不留下遺憾。人的一生就是一個歷煉過程，一生都在悟道，古人朝聞道晚成仙，但畢竟人生還是短暫的，要將有限的生命通過捷徑去探索無限廣闊的知識才是人生最有意義的事情。況且在沒有違背誓言的前提下一

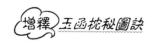

經面授，終身免費升級。

中國風水實戰專家

建築人文環境規劃師

中華周易名家協會學術委員會會員

中華周易著名風水專家

中華優秀傳統文化傳承先驅人物

國際易學聯盟副主席

2019國際風水年度十大人物

玄極門第二代掌門人

金偉　13398581016

玄極門四十八局起數秘訣

天一地二天三地四天五地六天七地八天九地十，此十數而變化鬼神也。天為陽為奇數，地為陰為偶數。陽奇陰偶。

北方一六壬癸水，東方三八甲乙木，南方二七丙丁火，西方四九庚辛金，中央五十戊己土.甲丙戊庚壬為陽，乙丁己辛癸為陰。

生成數	水火木金土 五行生數 天地生於水火					水火木金土 五行成數 天地終於厚土				
河圖數	天一奇	地二偶	天三	地四	天五	地六	天七	地八	天九	地十
五行	水(坎)	火(離)	木	金	土	水	火	木	金	土
陰陽	陽	陰	陽	陰	陽	陰	陽	陰	陽	陰

　　河圖闡無為順生之道。（河圖一六水順生東方三八木生南方二七火生中央戊己土生西方四九金）

　　洛書闡有為逆剋之妙。（北方西北16水，逆行剋西方西南72火，火剋南方東南94金，金剋東方東北38木，木剋中央戊己土，土剋北方西北16水）

　　先天：乾兌離震巽坎艮坤，天地定位，山澤通氣，雷風相薄，水火不相射。

　　後天：坎坤震巽中乾兌艮離，載九履一，左三右七，二四為肩，六八為足。

　　坤壬乙巨門從頭出，艮丙辛位位是破軍，巽辰亥盡是武曲位，甲癸申貪狼一路行。

　　順隔三宮見芮星，逆轉四位任君行。出生入死定順逆，坎離水火歸太極。

　　天為陽兮地為陰，左為陽兮右為陰。山靜水動分生死，知雄守雌定吉凶。

（注：天一生坎水主動，天為陽，奇數陽，坎為陽，水為陽，動為陽。地二生離火主靜，地為陰，偶為陰，離火為陰，山靜為陰。天一生水地二生火，天地生於水火坎離。取坎填離生死門。）核心內容及方法須面授。

附：天根月窟圖表

八卦	地元	天元	人元	巒頭為體，理氣為用。巒頭理氣合二為一。
乾	戌	乾	亥	先天為體，後天為用，河圖為體，洛書為用。
兌	庚	酉	辛	
離	丙	午	丁	玄關一生二，二生三，三生萬物。玄關天門地戶為道之所生。
震	甲	卯	乙	
巽	辰	巽	巳	道生一是生天卦：乾
坎	壬	子	癸	一生二是天卦乾生地卦坤（開天闢地）
艮	丑	艮	寅	二生三是天地乾坤二卦生三元
坤	未	坤	申	三生萬物是天地人三元再組合，生生不息，變幻無窮。

　　舉一案例說明：在貴州六盤水龍場鄉李姓家庭安葬母親，我記得是用2007年農曆9月下葬，當時有三個兒子是在不同的銀行任普通職工，大兒子在農村務農，娘娘山來龍，巽龍入首立午山子向，來水乙，水口乾亥，葬下一年後三個兒子都不同程度的升官，有的現在升了幾級了（最低也是行長主任級別），四家人四年連生四個男丁，大兒子在第二年也開始承包工程，現在也是紅紅火火。

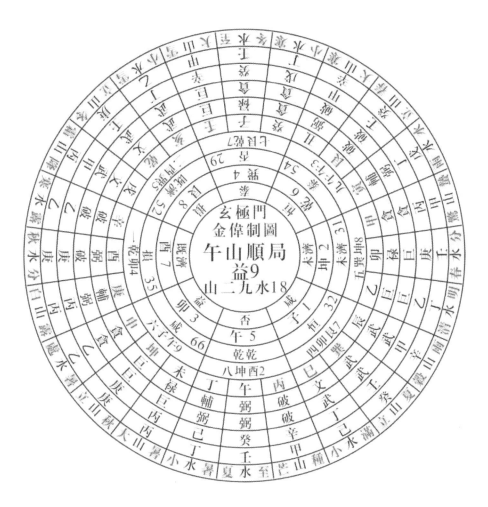

午山順局

公告

全球一切玄極門授徒業務均為金偉本人所為，目前為止本人沒有對外界的任何個人和團體授權，本門弟子均已發誓不得外傳本門秘訣，況且我早就宣佈本門部分秘訣將陸續對弟子們免費公開，目的是正本清源。一切解釋權歸本人所有。

由《玉函枕秘》的上卷內容就可以把下卷的七星打劫圖，續卷的些子圖，挨星順逆局等等內容全部推算出來後才算是入門而已，是環環相扣，一絲不亂的整套系統，得真訣後大道至簡，不經面授是很難系統化掌握的，還有些核心內容緘口莫言，只能面授才能學習到真東西，也奉勸有些人不要自作聰明，以為自己看懂一點悟到一些內容就自以為是，如果不全面系統化掌握是要害人害己的，面授時是要發毒誓不能外傳的（只可以傳子孫）。

《玉函枕秘》是罕見的玄空秘本，而面授資料《四十八局圖譜》更是易學瑰寶，源於道家文化，更是鳳毛麟角，可遇而不可求。（面授時還有幾頁核心圖表傳授）。 此書配合面授內容不但是解開《青囊經》《青囊序》《青囊奧語》《天玉經》的鑰匙，而且算出來的結果與《都天寶照經》對照最低標準也要有95%的吻合度以上才算及格。縱觀歷史，挨星訣只能掌握在寥寥無幾的少數人手中，古人以天機不可洩露而保守，所以自即日起限量擇人一對一傳授有緣人。面授費人民幣五萬元（含資料），在沒有違背誓言的前提下一經面授終生答疑。

全球玄極門唯一傳承人：金偉

聯繫電話13398581016，微信jin13398581016

2021年9月於重慶

與《增釋玉函枕秘圖訣》相關參考書籍

《玄極門四十八局圖譜》（玄極門面授資料）

　　所有資料只有以上兩本書籍完整可用，下面的參考書籍只是《玉函枕秘》及《玄極門四十八局圖譜》的一部分或者是不完整。

《地理黃金屋》

《地理金鎖秘》

《玄空寶鏡圖》

《天機玉函》

《地理辯正圖訣》

《地理辯正掌訣》

《蔣大鴻三元奧秘手抄本》

《一六掌秘本》

《刪定大五行圖訣》

《新增大五行圖訣》

《天心正運四十八局》

《玄空法鑒》

《河洛先後天心法》1至5頁內容

《逸山氏記》

《地學理氣要訣》

　　另外還有幾部書籍看似完整，實際上缺失核心內容（古人保守，書中不透露秘訣），一用就錯，有的甚至前後矛盾，避免讓人誤入歧途，故不錄出。

　　真正的挨星訣，是前後系統絕對沒有矛盾的一整套理論，這才是術數學。

國家圖書館出版品預行編目資料

增釋玉函枕秘圖訣／金偉 增注. --初版.--臺中
市：白象文化事業有限公司，2022.4
　　面； 公分.

ISBN 978-626-7105-43-6（平裝）
1.CST: 堪輿
294　　　　　　　　　　　　　111001975

增釋玉函枕秘圖訣

增　　注　金偉
校　　對　金偉、翁木龍
發 行 人　張輝潭
出版發行　白象文化事業有限公司
　　　　　412台中市大里區科技路1號8樓之2（台中軟體園區）
　　　　　出版專線：（04）2496-5995　　傳真：（04）2496-9901
　　　　　401台中市東區和平街228巷44號（經銷部）
　　　　　購書專線：（04）2220-8589　　傳真：（04）2220-8505
專案主編　陳逸儒
出版編印　林榮威、陳逸儒、黃麗穎、水邊、陳婷婷、李婕
設計創意　張禮南、何佳諠
經紀企劃　張輝潭、徐錦淳、廖書湘
經銷推廣　李莉吟、莊博亞、劉育姍、李佩諭
行銷宣傳　黃姿虹、沈若瑜
營運管理　林金郎、曾千熏
印　　刷　基盛印刷工場
初版一刷　2022 年 4 月
定　　價　新台幣 480 元